Sabores da Índia

Uma Jornada Culinária pela Terra das Especiarias

João Silva

Indice

Frango sem óleo 17
    ingredientes 17
    Método 17

Caril Kozi Varatha 18
    ingredientes 18
    Método 19

Ensopado de frango 20
    ingredientes 20
    Método 21

Frango Himani 22
    ingredientes 22
    Para a marinada: 22
    Método 23

Frango Branco 24
    ingredientes 24
    Método 25

Frango Masala Vermelho 26
    ingredientes 26
    Método 27

Frango Jhalfrezie 28
    ingredientes 28
    Método 29

Curry de frango simples 30

ingredientes 30

Método 31

Frango com curry azedo 32

ingredientes 32

Método 33

Frango Seco Anjeer 34

ingredientes 34

Para a marinada: 34

Método 35

Iogurte de Frango 36

ingredientes 36

Método 37

Frango Frito Picante 38

ingredientes 38

Método 39

Frango supremo 40

ingredientes 40

Método 41

Frango Vindaloo 42

ingredientes 42

Método 43

Frango Caramelizado 44

ingredientes 44

Método 45

Frango com caju 46

ingredientes 46

Método 47

Frango rápido 48
    ingredientes 48
    Método 49
Caril de frango Coorgi 50
    ingredientes 50
    Método 51
Frango na panela 52
    ingredientes 52
    Método 53
Frango com espinafre 54
    ingredientes 54
    Método 55
Frango indiano 56
    ingredientes 56
    Para a mistura de especiarias: 56
    Método 57
Kori Gassi 58
    ingredientes 58
    Método 59
Frango Ghezado 60
    ingredientes 60
    Método 60
Frango ao molho de tomate 62
    ingredientes 62
    Método 63
Shahenshah Murgh 64
    ingredientes 64

Método 65
Frango do Pyaaza 66
    ingredientes 66
    Método 67
Frango bengali 68
    ingredientes 68
    Método 68
Lasooni Murgh 70
    ingredientes 70
    Método 71
Frango Cafreal 72
    ingredientes 72
    Para a marinada: 72
    Método 73
Frango com Damascos 74
    ingredientes 74
    Método 75
Frango grelhado 76
    ingredientes 76
    Método 77
Pato Assado com Pimenta 78
    ingredientes 78
    Método 79
Frango Bhuna 80
    ingredientes 80
    Método 81
Caril de Frango com Ovos 82

ingredientes 82

Método 83

Frango Frito Com Especiarias 84

ingredientes 84

Para a marinada: 84

Método 85

Goês Kombdi 86

ingredientes 86

Método 87

Caril de Frango do Sul 88

ingredientes 88

Método 89

Frango Nizami 90

ingredientes 90

Para a mistura de especiarias: 90

Método 91

Pato Buffad 92

ingredientes 92

Método 93

Adraki Murgh 94

ingredientes 94

Método 94

Bharva Murgh 95

ingredientes 95

Método 96

Malaidar Murgh 97

ingredientes 97

Método 98
Caril de frango de Bombaim 99
   ingredientes 99
   Método 100
Frango Durbari 101
   ingredientes 101
   Método 102
Pato frito 103
   ingredientes 103
   Método 103
Frango com alho e coentro 104
   ingredientes 104
   Método 105
Pato Masala 106
   ingredientes 106
   Método 107
frango mostarda 108
   ingredientes 108
   Método 109
Murgh Lassanwallah 110
   ingredientes 110
   Método 111
Chettinad de frango com pimenta 112
   ingredientes 112
   Método 113
Frango picado com ovos 114
   ingredientes 114

Método 115
Frango Seco 116
    ingredientes 116
    Para a marinada: 116
    Método 117
Kele ki Bhaji 118
    ingredientes 118
    Método 119
Katal de coco 120
    ingredientes 120
    Para o tempero: 120
    Método 121
Fatias de inhame picante 122
    ingredientes 122
    Método 123
Inhame Masala 124
    ingredientes 124
    Método 124
Masala de beterraba 126
    ingredientes 126
    Método 127
Broto de feijão masala 128
    ingredientes 128
    Método 129
Mirch Masala 130
    ingredientes 130
    Método 131

Tomate Kadhi 132
    ingredientes 132
        Método 133
Kolhapuri vegetal 134
    ingredientes 134
        Método 135
Undhiyu 136
    ingredientes 136
    Para os muthies: 137
        Método 137
Caril Kofta De Banana 138
    ingredientes 138
    Para o caril: 138
        Método 139
Cabaça amarga com cebola 140
    ingredientes 140
        Método 141
Sukha Khatta Chana 142
    ingredientes 142
        Método 143
Bharwan Karela 144
    ingredientes 144
    Para o recheio: 144
        Método 145
Caril Kofta de Repolho 146
    ingredientes 146
    Para o molho: 146

Método 147
Abacaxi Gojju 148
   ingredientes 148
   Para a mistura de especiarias: 148
   Método 149
Cabaça amarga de Gojju 150
   ingredientes 150
   Método 151
Baingan Mirchi ka Salan 152
   ingredientes 152
   Método 153
Frango com Verduras 154
   ingredientes 154
   Método 154
   Para a marinada: 155
Frango Tikka Masala 156
   ingredientes 156
   Método 157
Frango recheado picante em molho rico 158
   ingredientes 158
   Método 159
Masala de frango picante 161
   ingredientes 161
   Método 162
Frango da Caxemira 163
   ingredientes 163
   Método 164

Rum e frango 165
    ingredientes 165
    Método 166
Frango Shahjahani 167
    ingredientes 167
    Método 168
Frango de Páscoa 169
    ingredientes 169
    Método 170
Pato Picante Com Batata 171
    ingredientes 171
    Método 172
Pato Moile 173
    ingredientes 173
    Método 174
Bharwa Murgh Kaju 175
    ingredientes 175
    Método 176
Iogurte de Frango Masala 178
    ingredientes 178
    Método 179
Frango Dhansak 181
    ingredientes 181
    Método 182
Frango Chatpata 184
    ingredientes 184
    Para a marinada: 185

Método 185
Pato Masala com Leite de Coco 186
    ingredientes 186
    Para a mistura de especiarias: 186
    Método 187
Frango Dil Bahar 188
    ingredientes 188
    Método 189
Dum ka Murgh 191
    ingredientes 191
    Método 192
Murgh Kheema Masala 193
    ingredientes 193
    Método 194
Frango Recheado Nawabi 195
    ingredientes 195
    Para o recheio: 195
    Método 196
Murgh ke Nazaré 197
    ingredientes 197
    Para o molho: 198
    Método 199
Murgh Pasanda 200
    ingredientes 200
    Método 201
Murgh Masala 202
    ingredientes 202

Para a mistura de especiarias: 202

Método 203

Creme de Frango Bohri 204

    ingredientes 204

    Método 205

Jhatpat Murgh 206

    ingredientes 206

    Método 206

Caril de Frango Verde 207

    ingredientes 207

    Método 208

Murgh Bharta 209

    ingredientes 209

    Método 209

Frango com Sementes de Ajowan 210

    ingredientes 210

    Método 211

Tikka de frango com espinafre 212

    ingredientes 212

    Para a marinada: 212

    Método 213

Frango Yakhni 214

    ingredientes 214

    Método 215

Frango com pimenta 216

    ingredientes 216

    Método 216

Frango com pimenta 217
    ingredientes 217
    Método 218
Frango com Figos 219
    ingredientes 219
    Método 219

Frango sem óleo

Para 4 pessoas

ingredientes

400g de iogurte

1 colher de chá de pimenta em pó

1 colher de chá de pasta de gengibre

1 colher de chá de pasta de alho

2 pimentões verdes picados finamente

50g de folhas de coentro moídas

1 colher de chá de garam masala

Sal a gosto

750g de frango desossado, cortado em 8 pedaços

Método

- Misture todos os ingredientes, exceto o frango. Marinar o frango com esta mistura durante a noite.

- Cozinhe o frango marinado em uma panela em fogo médio por 40 minutos, mexendo sempre. Servir quente.

Caril Kozi Varatha

(Kairali Frango Curry de Kerala)

Para 4 pessoas

ingredientes

60ml / 2fl oz de óleo vegetal refinado

7,5 cm de raiz de gengibre picado

15 dentes de alho picados finamente

8 chalotas fatiadas

3 pimentões verdes, cortados longitudinalmente

1kg de frango cortado em 12 pedaços

¾ colher de chá de açafrão

Sal a gosto

2 colheres de sopa de coentro moído

1 colher de sopa de garam masala

½ colher de chá de sementes de cominho

750ml / 1¼ litro de leite de coco

5-6 folhas de curry

Método

- Aqueça o óleo em uma panela. Adicione o gengibre e o alho. Frite em fogo médio por 30 segundos.

- Adicione a cebola e a pimenta verde. Frite por um minuto.

- Adicione o frango, a cúrcuma, o sal, o coentro moído, o garam masala e as sementes de cominho. Misture bem. Cubra com uma tampa e cozinhe por 20 minutos. Adicione o leite de coco. Ferva por 20 minutos.

- Decore com folhas de curry e sirva quente.

Ensopado de frango

Para 4 pessoas

ingredientes

1 colher de sopa de óleo vegetal refinado

2 dentes

2,5 cm de canela

6 grãos de pimenta preta

3 folhas de louro

2 cebolas grandes, cortadas em 8 pedaços

1 colher de chá de pasta de gengibre

1 colher de chá de pasta de alho

8 coxas de frango

Legumes mistos congelados 200 g

250ml/8fl oz de água

Sal a gosto

2 colheres de chá de farinha branca dissolvidas em 360 ml de leite

Método

- Aqueça o óleo em uma panela. Adicione o cravo, a canela, a pimenta e o louro. Deixe-os estalar por 30 segundos.

- Adicione a cebola, a pasta de gengibre e a pasta de alho. Frite por 2 minutos.

- Adicione os ingredientes restantes, exceto a mistura de farinha. Cubra com uma tampa e cozinhe por 30 minutos. Adicione a mistura de farinha. Misture bem.

- Cozinhe por 10 minutos, mexendo sempre. Servir quente.

Frango Himani

(Frango com cardamomo)

Para 4 pessoas

ingredientes

1kg de frango cortado em 10 pedaços

3 colheres de sopa de óleo vegetal refinado

¼ colher de chá de cardamomo verde moído

Sal a gosto

Para a marinada:

1 colher de chá de pasta de gengibre

1 colher de chá de pasta de alho

200g de iogurte

2 colheres de sopa de folhas de hortelã moídas

Método

- Misture todos os ingredientes da marinada. Marinar o frango com esta mistura por 4 horas.

- Aqueça o óleo em uma panela. Adicione o frango marinado e frite em fogo baixo por 10 minutos. Adicione o cardamomo e o sal. Misture bem e cozinhe por 30 minutos, mexendo sempre. Servir quente.

Frango Branco

Para 4 pessoas

ingredientes

750g / 1lb 10oz de frango desossado, picado

1 colher de chá de pasta de gengibre

1 colher de chá de pasta de alho

1 colher de sopa de manteiga clarificada

2 dentes

2,5 cm de canela

8 grãos de pimenta preta

2 folhas de louro

Sal a gosto

250ml/8fl oz de água

30g de castanha de caju moída

10-12 amêndoas moídas

1 colher de sopa de creme líquido

Método

- Marinar o frango com a pasta de gengibre e o alho por 30 minutos.

- Aqueça o ghee em uma panela. Adicione o cravo, a canela, a pimenta, o louro e o sal. Deixe-os estalar por 15 segundos.

- Adicione o frango marinado e a água. Ferva por 30 minutos. Adicione as castanhas de caju, as amêndoas e as natas. Cozinhe por 5 minutos e sirva quente.

Frango Masala Vermelho

Para 4 pessoas

ingredientes

3 colheres de sopa de óleo vegetal refinado

2 cebolas grandes, cortadas em fatias finas

1 colher de sopa de sementes de papoula

5 pimentas vermelhas secas

50g de coco ralado na hora

2,5 cm de canela

2 colheres de chá de pasta de tamarindo

6 dentes de alho

500g de frango picado

2 tomates em fatias finas

1 colher de sopa de coentro moído

1 colher de chá de cominho em pó

500ml/16fl oz de água

Sal a gosto

Método

- Aqueça o óleo em uma panela. Frite as cebolas em fogo médio até dourar. Adicione as sementes de papoula, a pimenta, o coco e a canela. Frite por 3 minutos.

- Adicione a pasta de tamarindo e o alho. Misture bem e triture até formar uma pasta.

- Misture esta pasta com todos os ingredientes restantes. Cozinhe a mistura em uma panela em fogo baixo por 40 minutos. Servir quente.

Frango Jhalfrezie

(Frango em Molho de Tomate Grosso)

Para 4 pessoas

ingredientes

3 colheres de sopa de óleo vegetal refinado

3 cebolas grandes, finamente picadas

1 polegada de raiz de gengibre, em fatias finas

1 colher de chá de pasta de alho

1kg de frango cortado em 8 pedaços

½ colher de chá de açafrão

3 colheres de chá de coentro moído

1 colher de chá de cominho em pó

4 tomates escaldados e purê

Sal a gosto

Método

- Aqueça o óleo em uma panela. Adicione a cebola, o gengibre e a pasta de alho. Frite em fogo médio até que as cebolas fiquem douradas.

- Adicione o frango, a cúrcuma, o coentro moído e o cominho moído. Frite por 5 minutos.

- Adicione o purê de tomate e o sal. Misture bem e cozinhe por 40 minutos, mexendo ocasionalmente. Servir quente.

Curry de frango simples

Para 4 pessoas

ingredientes

2 colheres de sopa de óleo vegetal refinado

2 cebolas grandes, fatiadas

½ colher de chá de açafrão

1 colher de chá de pasta de gengibre

1 colher de chá de pasta de alho

6 pimentões verdes, fatiados

750g de frango de 10 onças, cortado em 8 pedaços

125 g de iogurte

125g de Khoya*

Sal a gosto

50 g de folhas de coentro picadas finamente

Método

- Aqueça o óleo em uma panela. Adicione as cebolas. Frite até ficarem transparentes.

- Adicione açafrão, pasta de gengibre, pasta de alho e pimenta verde. Frite em fogo médio por 2 minutos. Adicione o frango e frite por 5 minutos.

- Adicione iogurte, khoya e sal. Misture bem. Cubra com uma tampa e cozinhe em fogo baixo por 30 minutos, mexendo de vez em quando.

- Decore com folhas de coentro. Servir quente.

Frango com curry azedo

Para 4 pessoas

ingredientes

1kg de frango cortado em 8 pedaços

Sal a gosto

½ colher de chá de açafrão

4 colheres de sopa de óleo vegetal refinado

3 cebolas picadas finamente

8 folhas de curry

3 tomates picados finamente

1 colher de chá de pasta de gengibre

1 colher de chá de pasta de alho

1 colher de sopa de coentro moído

1 colher de chá de garam masala

1 colher de sopa de pasta de tamarindo

½ colher de sopa de pimenta preta moída

250ml/8fl oz de água

Método

- Marinar os pedaços de frango com sal e açafrão por 30 minutos.

- Aqueça o óleo em uma panela. Adicione a cebola e as folhas de curry. Frite em fogo baixo até que as cebolas fiquem translúcidas.

- Adicione todos os ingredientes restantes e o frango marinado. Misture bem, tampe e cozinhe por 40 minutos. Servir quente.

Frango Seco Anjeer

(Frango seco com figos)

Para 4 pessoas

ingredientes

750g de frango de 10 onças, cortado em 12 pedaços

4 colheres de sopa de manteiga clarificada

2 cebolas grandes, finamente picadas

250ml/8fl oz de água

Sal a gosto

Para a marinada:

10 figos secos, demolhados por 1 hora

1 colher de chá de pasta de gengibre

1 colher de chá de pasta de alho

200g de iogurte

1½ colher de chá de garam masala

2 colheres de sopa de creme líquido

Método

- Misture todos os ingredientes da marinada. Marinar o frango com esta mistura por uma hora.

- Aqueça o ghee em uma panela. Frite as cebolas em fogo médio até dourar.

- Adicione o frango marinado, a água e o sal. Misture bem, tampe e cozinhe por 40 minutos. Servir quente.

Iogurte de Frango

Para 4 pessoas

ingredientes

30 g de folhas de hortelã picadas finamente

30g de folhas de coentro picadas

2 colheres de chá de pasta de gengibre

2 colheres de chá de pasta de alho

400g de iogurte

200 g de purê de tomate

Suco de 1 limão

1kg de frango cortado em 12 pedaços

2 colheres de sopa de óleo vegetal refinado

4 cebolas grandes, finamente picadas

Sal a gosto

Método

- Moa as folhas de hortelã e as folhas de coentro até formar uma pasta fina. Misture com a pasta de gengibre, a pasta de alho, o iogurte, o purê de tomate e o suco de limão. Marinar o frango com esta mistura por 3 horas.

- Aqueça o óleo em uma panela. Frite as cebolas em fogo médio até dourar.

- Adicione o frango marinado. Cubra com uma tampa e cozinhe por 40 minutos, mexendo ocasionalmente. Servir quente.

Frango Frito Picante

Para 4 pessoas

ingredientes

1 colher de chá de pasta de gengibre

2 colheres de chá de pasta de alho

2 pimentões verdes picados finamente

1 colher de chá de pimenta em pó

1 colher de chá de garam masala

2 colheres de chá de suco de limão

½ colher de chá de açafrão

Sal a gosto

1kg de frango cortado em 8 pedaços

Óleo vegetal refinado para fritar

Pão ralado, para cobrir

Método

- Misture a pasta de gengibre, a pasta de alho, a pimenta verde, a pimenta em pó, o garam masala, o suco de limão, a cúrcuma e o sal. Marinar o frango com esta mistura por 3 horas.

- Aqueça o óleo em uma frigideira antiaderente. Cubra cada pedaço de frango marinado com pão ralado e frite em fogo médio até dourar.

- Escorra em papel absorvente e sirva quente.

Frango supremo

Para 4 pessoas

ingredientes

1 colher de chá de pasta de gengibre

1 colher de chá de pasta de alho

1kg de frango cortado em 8 pedaços

200g de iogurte

Sal a gosto

250ml/8fl oz de água

2 colheres de sopa de óleo vegetal refinado

2 cebolas grandes, fatiadas

4 pimentões vermelhos

5 cm de canela

2 vagens de cardamomo preto

4 dentes

1 colher de sopa de chana dhal*, torrado a seco

Método

- Misture a pasta de gengibre e a pasta de alho. Marinar o frango com esta mistura por 30 minutos. Adicione o iogurte, o sal e a água. Pôr de lado.

- Aqueça o óleo em uma panela. Adicione cebola, pimenta, canela, cardamomo, cravo e chana dhal. Frite por 3-4 minutos em fogo baixo.

- Triture até formar uma pasta e adicione à mistura de frango. Misture bem.

- Cozinhe por 30 minutos. Servir quente.

Frango Vindaloo

(Caril de Frango Picante Goês)

Para 4 pessoas

ingredientes

60 ml de vinagre de malte

1 colher de sopa de sementes de cominho

1 colher de chá de pimenta

6 pimentões vermelhos

1 colher de chá de açafrão

Sal a gosto

4 colheres de sopa de óleo vegetal refinado

3 cebolas grandes, finamente picadas

1kg de frango cortado em 8 pedaços

Método

- Moa o vinagre com sementes de cominho, pimenta, pimenta, açafrão e sal até obter uma pasta lisa. Pôr de lado.

- Aqueça o óleo em uma panela. Adicione as cebolas e frite até ficarem translúcidas. Adicione a pasta de sementes de cominho e o vinagre. Misture bem e frite por 4-5 minutos.

- Adicione o frango e cozinhe por 30 minutos. Servir quente.

Frango Caramelizado

Para 4 pessoas

ingredientes

200g de iogurte

1 colher de chá de pasta de gengibre

1 colher de chá de pasta de alho

2 colheres de sopa de coentro moído

1 colher de chá de cominho em pó

1½ colher de chá de garam masala

Sal a gosto

1kg de frango cortado em 8 pedaços

3 colheres de sopa de óleo vegetal refinado

2 colheres de chá de açúcar

3 dentes

2,5 cm de canela

6 grãos de pimenta preta

Método

- Misture o iogurte, a pasta de gengibre, a pasta de alho, o coentro moído, o cominho moído, o garam masala e o sal. Marinar o frango com esta mistura durante a noite.

- Aqueça o óleo em uma panela. Adicione o açúcar, o cravo, a canela e a pimenta. Frite por um minuto. Adicione o frango marinado e cozinhe por 40 minutos. Servir quente.

Frango com caju

Para 4 pessoas

ingredientes

1kg de frango cortado em 12 pedaços

Sal a gosto

1 colher de chá de pasta de gengibre

1 colher de chá de pasta de alho

4 colheres de sopa de óleo vegetal refinado

4 cebolas grandes, fatiadas

15 castanhas de caju moídas até formar uma pasta

6 pimentões vermelhos, demolhados por 15 minutos

2 colheres de chá de cominho em pó

60 ml de ketchup

500ml/16fl oz de água

Método

- Marinar o frango com sal e pasta de gengibre e alho por 1 hora.

- Aqueça o óleo em uma panela. Frite as cebolas em fogo médio até dourar.

- Adicione as castanhas de caju, as pimentas, o cominho e o ketchup. Cozinhe por 5 minutos.

- Adicione o frango e a água. Cozinhe por 40 minutos e sirva quente.

Frango rápido

Para 4 pessoas

ingredientes

4 colheres de sopa de óleo vegetal refinado

6 pimentões vermelhos

6 grãos de pimenta preta

1 colher de chá de sementes de coentro

1 colher de chá de sementes de cominho

2,5 cm de canela

4 dentes

1 colher de chá de açafrão

8 dentes de alho

1 colher de chá de pasta de tamarindo

4 cebolas médias, cortadas em fatias finas

2 tomates grandes, picados finamente

1kg de frango cortado em 12 pedaços

250ml/8fl oz de água

Sal a gosto

Método

- Aqueça meia colher de sopa de óleo em uma panela. Adicione a pimenta vermelha, a pimenta, as sementes de coentro, as sementes de cominho, a canela e o cravo. Frite-os em fogo médio por 2-3 minutos.
- Adicione açafrão, alho e pasta de tamarindo. Moa a mistura até obter uma pasta lisa. Pôr de lado.
- Aqueça o óleo restante em uma panela. Adicione as cebolas e frite em fogo médio até dourar. Adicione os tomates e refogue por 3-4 minutos.
- Adicione o frango e refogue por 4-5 minutos.
- Adicione a água e o sal. Misture bem e cubra com uma tampa. Cozinhe por 40 minutos, mexendo ocasionalmente.
- Servir quente.

Caril de frango Coorgi

Para 4 pessoas

ingredientes

1kg de frango cortado em 12 pedaços

Sal a gosto

1 colher de chá de açafrão

50g de coco ralado

3 colheres de sopa de óleo vegetal refinado

1 colher de chá de pasta de alho

2 cebolas grandes, cortadas em fatias finas

1 colher de chá de cominho em pó

1 colher de chá de coentro moído

360ml/12fl oz de água

Método

- Marinar o frango com sal e açafrão por uma hora. Pôr de lado.
- Moa o coco com água suficiente para formar uma pasta lisa.
- Aqueça o óleo em uma panela. Adicione a pasta de coco com a pasta de alho, a cebola, o cominho moído e os coentros. Frite em fogo baixo por 4-5 minutos.
- Adicione o frango marinado. Misture bem e frite por 4-5 minutos. Adicione água, cubra com uma tampa e cozinhe por 40 minutos. Servir quente.

Frango na panela

Para 4 pessoas

ingredientes

4 colheres de sopa de óleo vegetal refinado

1 colher de chá de pasta de gengibre

1 colher de chá de pasta de alho

2 cebolas grandes, finamente picadas

1 colher de chá de garam masala

1 ½ colher de sopa de castanha de caju moída

1 ½ colher de sopa de sementes de melão*, Terra

1 colher de chá de coentro moído

500g / 1lb 2 onças de frango desossado

200 g de purê de tomate

2 cubos de caldo de frango

250ml/8fl oz de água

Sal a gosto

Método

- Aqueça o óleo em uma panela. Adicione a pasta de gengibre, a pasta de alho, a cebola e o garam masala. Frite por 2-3 minutos em fogo baixo. Adicione as castanhas de caju, as sementes de melão e os coentros moídos. Frite por 2 minutos.
- Adicione o frango e frite por 5 minutos. Adicione o purê de tomate, os cubos de caldo, a água e o sal. Cubra e deixe cozinhar por 40 minutos. Servir quente.

Frango com espinafre

Para 4 pessoas

ingredientes

3 colheres de sopa de óleo vegetal refinado

6 dentes

5 cm de canela

2 folhas de louro

2 cebolas grandes, finamente picadas

12 dentes de alho picados finamente

400g de espinafre picado grosseiramente

200g de iogurte

250ml/8fl oz de água

750g de frango de 10 onças, cortado em 8 pedaços

Sal a gosto

Método

- Aqueça 2 colheres de sopa de óleo em uma panela. Adicione o cravo, a canela e as folhas de louro. Deixe-os estalar por 15 segundos.
- Adicione as cebolas e frite-as em fogo médio até ficarem translúcidas.
- Adicione o alho e o espinafre. Misture bem. Cozinhe por 5-6 minutos. Deixe esfriar e triture com água suficiente para obter uma pasta lisa.
- Aqueça o óleo restante em uma panela. Adicione a pasta de espinafre e frite por 3-4 minutos. Adicione o iogurte e a água. Cozinhe por 5-6 minutos. Adicione o frango e o sal. Cozinhe por 40 minutos. Servir quente.

Frango indiano

Para 4 pessoas

ingredientes

4-5 colheres de sopa de óleo vegetal refinado

4 cebolas grandes picadas

1kg de frango cortado em 10 pedaços

Sal a gosto

500ml/16fl oz de água

Para a mistura de especiarias:

2,5 cm de raiz de gengibre

10 dentes de alho

1 colher de sopa de garam masala

2 colheres de chá de sementes de erva-doce

1 ½ colher de sopa de sementes de coentro

60 ml de água

Método

- Moa os ingredientes da mistura de especiarias até formar uma pasta lisa. Pôr de lado.
- Aqueça o óleo em uma panela. Frite as cebolas em fogo médio até dourar.
- Adicione a pasta de mistura de especiarias, o frango e o sal. Frite por 5-6 minutos. Adicione a água. Cubra e cozinhe por 40 minutos. Servir quente.

Kori Gassi

(Frango Mangaloriano com Curry)

Para 4 pessoas

ingredientes

4 colheres de sopa de óleo vegetal refinado

6 pimentões vermelhos inteiros

1 colher de chá de pimenta preta

4 colheres de chá de sementes de coentro

2 colheres de chá de sementes de cominho

150g de coco ralado na hora

8 dentes de alho

500ml/16fl oz de água

3 cebolas grandes, finamente picadas

1 colher de chá de açafrão

1kg de frango cortado em 8 pedaços

2 colheres de chá de pasta de tamarindo

Sal a gosto

Método

- Aqueça 1 colher de chá de óleo em uma panela. Adicione a pimenta vermelha, a pimenta, as sementes de coentro e as sementes de cominho. Deixe-os estalar por 15 segundos.
- Triture esta mistura até formar uma pasta com o coco, o alho e metade da água.
- Aqueça o óleo restante em uma panela. Adicione cebola, açafrão e pasta de coco. Frite em fogo médio por 5-6 minutos.
- Adicione o frango, a pasta de tamarindo, o sal e o restante da água. Misture bem. Cubra com uma tampa e deixe cozinhar por 40 minutos. Servir quente.

Frango Ghezado

(Frango Goês)

Para 4 pessoas

ingredientes

3 colheres de sopa de óleo vegetal refinado

2 cebolas grandes, finamente picadas

1 colher de chá de pasta de gengibre

1 colher de chá de pasta de alho

2 tomates picados finamente

1kg de frango cortado em 8 pedaços

1 colher de sopa de coentro moído

2 colheres de sopa de garam masala

Sal a gosto

250ml/8fl oz de água

Método

- Aqueça o óleo em uma panela. Adicione a cebola, a pasta de gengibre e a pasta de alho. Frite por 2 minutos. Adicione os tomates e o frango. Frite por 5 minutos.

- Adicione todos os outros ingredientes. Cozinhe por 40 minutos e sirva quente.

Frango ao molho de tomate

Para 4 pessoas

ingredientes

1 colher de sopa de manteiga clarificada

2,5 cm de raiz de gengibre picado

10 dentes de alho picados finamente

2 cebolas grandes, finamente picadas

4 pimentões vermelhos

1 colher de chá de garam masala

1 colher de chá de açafrão

800 g de purê de tomate

1kg de frango cortado em 8 pedaços

Sal a gosto

200g de iogurte

Método

- Aqueça o ghee em uma panela. Adicione o gengibre, o alho, a cebola, a pimenta vermelha, o garam masala e a cúrcuma. Frite em fogo médio por 3 minutos.
- Adicione o purê de tomate e frite por 4 minutos em fogo baixo.
- Adicione o frango, o sal e o iogurte. Misture bem.
- Cubra e cozinhe por 40 minutos, mexendo ocasionalmente. Servir quente.

Shahenshah Murgh

(Frango cozido em molho especial)

Para 4 pessoas

ingredientes

250g de amendoim demolhado por 4 horas

60 g de passas

4 pimentões verdes, cortados longitudinalmente

1 colher de sopa de sementes de cominho

4 colheres de sopa de manteiga clarificada

1 colher de sopa de canela em pó

3 cebolas grandes, finamente picadas

1kg de frango cortado em 12 pedaços

Sal a gosto

Método

- Escorra o amendoim e triture-o com as passas, a pimenta verde, as sementes de cominho e água suficiente para formar uma pasta lisa. Pôr de lado.
- Aqueça o ghee em uma panela. Adicione a canela em pó. Deixe balbuciar por 30 segundos.
- Adicione a cebola e a pasta de amendoim e passas moídas. Frite por 2-3 minutos.
- Adicione o frango e o sal. Misture bem. Cozinhe por 40 minutos, mexendo ocasionalmente. Servir quente.

Frango do Pyaaza

(Frango com Cebola)

Para 4 pessoas

ingredientes

4 colheres de sopa de ghee mais extra para fritar

4 dentes

½ colher de chá de sementes de erva-doce

1 colher de chá de coentro moído

1 colher de chá de pimenta preta moída

2,5 cm de raiz de gengibre picado

8 dentes de alho picados finamente

4 cebolas grandes, fatiadas

1kg de frango cortado em 12 pedaços

½ colher de chá de açafrão

4 tomates picados finamente

Sal a gosto

Método

- Aqueça 4 colheres de sopa de ghee em uma panela. Adicione o cravo, as sementes de erva-doce, os coentros moídos e a pimenta. Deixe-os estalar por 15 segundos.
- Adicione o gengibre, o alho e a cebola. Frite em fogo médio por 1-2 minutos.
- Adicione o frango, açafrão, tomate e sal. Misture bem. Cozinhe por 30 minutos, mexendo sempre. Servir quente.

Frango bengali

Para 4 pessoas

ingredientes

300g de iogurte

1 colher de chá de pasta de gengibre

1 colher de chá de pasta de alho

3 cebolas grandes, 1 ralada e 2 picadas finamente

1 colher de chá de açafrão

2 colheres de chá de pimenta em pó

Sal a gosto

1kg de frango cortado em 12 pedaços

4 colheres de sopa de óleo de mostarda

500ml/16fl oz de água

Método

- Misture iogurte, pasta de gengibre, pasta de alho, cebola, açafrão, pimenta em pó e sal. Marinar o frango com esta mistura por 30 minutos.
- Aqueça o óleo em uma panela. Adicione as cebolas picadas e frite até dourar.

- Adicione o frango marinado, a água e o sal. Misture bem. Cubra com uma tampa e deixe cozinhar por 40 minutos. Servir quente.

Lasooni Murgh

(Frango cozido com alho)

Para 4 pessoas

ingredientes

200g de iogurte

2 colheres de sopa de pasta de alho

1 colher de chá de garam masala

2 colheres de sopa de suco de limão

1 colher de chá de pimenta preta moída

5 fios de açafrão

Sal a gosto

750g de frango desossado, cortado em 8 pedaços

2 colheres de sopa de óleo vegetal refinado

60ml / 2fl oz de creme duplo

Método

- Misture o iogurte, a pasta de alho, o garam masala, o suco de limão, a pimenta, o açafrão, o sal e o frango. Coloque a mistura na geladeira durante a noite.
- Aqueça o óleo em uma panela. Adicione a mistura de frango, tampe e cozinhe por 40 minutos, mexendo de vez em quando.
- Adicione o creme e misture por um minuto. Servir quente.

Frango Cafreal

(Frango Goês ao Molho de Coentros)

Para 4 pessoas

ingredientes

1kg de frango cortado em 8 pedaços

5 colheres de sopa de óleo vegetal refinado

250ml/8fl oz de água

Sal a gosto

4 limões, cortados em quartos

Para a marinada:

50g de folhas de coentro picadas

2,5 cm de raiz de gengibre

10 dentes de alho

120 ml de vinagre de malte

1 colher de sopa de garam masala

Método

- Misture todos os ingredientes da marinada e triture com água suficiente para formar uma pasta lisa. Marinar o frango com esta mistura por uma hora.
- Aqueça o óleo em uma panela. Adicione o frango marinado e frite em fogo médio por 5 minutos. Adicione a água e o sal. Cubra com uma tampa e cozinhe por 40 minutos, mexendo ocasionalmente. Sirva quente com limões.

Frango com Damascos

Para 4 pessoas

ingredientes

4 colheres de sopa de óleo vegetal refinado

3 cebolas grandes, cortadas em fatias finas

1 colher de chá de pasta de gengibre

1 colher de chá de pasta de alho

1kg de frango cortado em 8 pedaços

1 colher de chá de pimenta em pó

1 colher de chá de açafrão

2 colheres de chá de cominho em pó

2 colheres de sopa de açúcar

300 g de damascos secos, deixados de molho por 10 minutos

60 ml de água

1 colher de sopa de vinagre de malte

Sal a gosto

Método

- Aqueça o óleo em uma panela. Adicione a cebola, a pasta de gengibre e a pasta de alho. Frite em fogo médio até que as cebolas fiquem douradas.
- Adicione o frango, a pimenta em pó, a cúrcuma, o cominho em pó e o açúcar. Misture bem e frite por 5-6 minutos.
- Adicione os outros ingredientes. Cozinhe por 40 minutos e sirva quente.

Frango grelhado

Para 4 pessoas

ingredientes

Sal a gosto

1 colher de sopa de vinagre de malte

1 colher de chá de pimenta preta moída

1 colher de chá de pasta de gengibre

1 colher de chá de pasta de alho

2 colheres de chá de garam masala

1kg de frango cortado em 8 pedaços

2 colheres de sopa de manteiga clarificada

2 cebolas grandes, fatiadas

2 tomates picados finamente

Método

- Misture sal, vinagre, pimenta, pasta de gengibre, pasta de alho e garam masala. Marinar o frango com esta mistura por uma hora.
- Aqueça o ghee em uma panela. Adicione a cebola e frite em fogo médio até dourar.
- Adicione os tomates e o frango marinado. Misture bem e frite por 4-5 minutos.
- Retire do fogo e grelhe a mistura por 40 minutos. Servir quente.

Pato Assado com Pimenta

Para 4 pessoas

ingredientes

2 colheres de sopa de vinagre de malte

1 ½ colher de chá de pasta de gengibre

1 colher de chá de pasta de alho

Sal a gosto

1 colher de chá de pimenta preta moída

1kg de pato

2 colheres de sopa de manteiga

2 colheres de sopa de óleo vegetal refinado

3 cebolas grandes, cortadas em fatias finas

4 tomates picados finamente

1 colher de chá de açúcar

500ml/16fl oz de água

Método

- Misture o vinagre, a pasta de gengibre, a pasta de alho, o sal e a pimenta. Fure o pato com um garfo e deixe marinar com esta mistura durante 1 hora.
- Aqueça a manteiga e o azeite em uma panela. Adicione as cebolas e os tomates. Frite em fogo médio por 3-4 minutos. Adicione o pato, o açúcar e a água. Misture bem e cozinhe por 45 minutos. Servir quente.

Frango Bhuna

(Frango cozido em Iogurte)

Para 4 pessoas

ingredientes

4 colheres de sopa de óleo vegetal refinado

1kg de frango cortado em 12 pedaços

1 colher de chá de pasta de gengibre

1 colher de chá de pasta de alho

½ colher de chá de açafrão

2 cebolas grandes, finamente picadas

1½ colher de chá de garam masala

1 colher de chá de pimenta preta moída na hora

150g de iogurte batido

Sal a gosto

Método

- Aqueça o óleo em uma panela. Adicione o frango e frite em fogo médio por 6-7 minutos. Escorra e reserve.
- Ao mesmo óleo, adicione pasta de gengibre, pasta de alho, açafrão e cebola. Frite em fogo médio por 2 minutos, mexendo sempre.
- Adicione o frango frito e todos os outros ingredientes. Cozinhe por 40 minutos em fogo baixo. Servir quente.

Caril de Frango com Ovos

Para 4 pessoas

ingredientes

6 dentes de alho

2,5 cm de raiz de gengibre

25 g/1 onça de coco ralado na hora

2 colheres de chá de sementes de papoula

1 colher de chá de garam masala

1 colher de chá de sementes de cominho

1 colher de sopa de sementes de coentro

1 colher de chá de açafrão

Sal a gosto

4 colheres de sopa de óleo vegetal refinado

2 cebolas grandes, finamente picadas

1kg de frango cortado em 8 pedaços

4 ovos cozidos e cortados ao meio

Método

- Moa o alho, o gengibre, o coco, as sementes de papoula, o garam masala, as sementes de cominho, as sementes de coentro, a cúrcuma e o sal. Pôr de lado.
- Aqueça o óleo em uma panela. Adicione a cebola e o macarrão picado. Frite em fogo médio por 3-4 minutos. Adicione o frango e misture bem para revestir.
- Ferva por 40 minutos. Decore com ovos e sirva quente.

Frango Frito Com Especiarias

Para 4 pessoas

ingredientes

1kg de frango cortado em 8 pedaços

250ml / 8fl oz de óleo vegetal refinado

Para a marinada:

1½ colher de chá de coentro moído

4 vagens de cardamomo verde

7,5 cm/3 polegadas de canela

½ colher de chá de sementes de erva-doce

1 colher de sopa de garam masala

4-6 dentes de alho

2,5 cm de raiz de gengibre

1 cebola grande ralada

1 tomate grande, purê

Sal a gosto

Método

- Moa todos os ingredientes da marinada juntos. Marinar o frango com esta mistura por 30 minutos.
- Cozinhe o frango marinado em uma panela em fogo médio por 30 minutos, mexendo de vez em quando.
- Aqueça o óleo e frite o frango cozido por 5-6 minutos. Servir quente.

Goês Kombdi

(Caril de Frango Goês)

Para 4 pessoas

ingredientes

1kg de frango cortado em 8 pedaços

Sal a gosto

½ colher de chá de açafrão

6 pimentões vermelhos

5 dentes

5 cm de canela

1 colher de sopa de sementes de coentro

½ colher de chá de sementes de feno-grego

½ colher de chá de sementes de mostarda

4 colheres de sopa de óleo

1 colher de sopa de pasta de tamarindo

500ml/16fl oz de leite de coco

Método

- Marinar o frango com sal e açafrão por 1 hora. Pôr de lado.
- Moa a pimenta, o cravo, a canela, as sementes de coentro, as sementes de feno-grego e as sementes de mostarda com água suficiente para fazer uma pasta.
- Aqueça o óleo em uma panela. Frite o macarrão por 4 minutos. Adicione o frango, a pasta de tamarindo e o leite de coco. Cozinhe por 40 minutos e sirva quente.

Caril de Frango do Sul

Para 4 pessoas

ingredientes

16 cajus

6 pimentões vermelhos

2 colheres de sopa de sementes de coentro

½ colher de chá de sementes de cominho

1 colher de sopa de suco de limão

5 colheres de sopa de manteiga clarificada

3 cebolas grandes, finamente picadas

10 dentes de alho picados finamente

2,5 cm de raiz de gengibre picado

1kg de frango cortado em 12 pedaços

1 colher de chá de açafrão

Sal a gosto

500ml/16fl oz de leite de coco

Método

- Moa as castanhas de caju, a pimenta vermelha, as sementes de coentro, as sementes de cominho e o suco de limão com água suficiente para formar uma pasta lisa. Pôr de lado.
- Aqueça o ghee. Adicione a cebola, o alho e o gengibre. Frite por 2 minutos.
- Adicione o frango, a cúrcuma, o sal e a pasta de caju. Frite por 5 minutos. Adicione o leite de coco e cozinhe por 40 minutos. Servir quente.

Frango Nizami

(Frango cozido com Açafrão e Amêndoas)

Para 4 pessoas

ingredientes

4 colheres de sopa de óleo vegetal refinado

1 frango grande, cortado em 8 pedaços

Sal a gosto

750ml / 1¼ litro de leite

½ colher de chá de açafrão embebido em 2 colheres de chá de leite

Para a mistura de especiarias:

1 colher de sopa de pasta de gengibre

3 colheres de sopa de sementes de papoula

5 pimentas vermelhas

25 g/1 onça de coco desidratado

20 amêndoas

6 colheres de sopa de leite

Método

- Moa os ingredientes da mistura de especiarias para formar uma pasta lisa.
- Aqueça o óleo em uma panela. Frite o macarrão em fogo baixo por 4 minutos.
- Adicione o frango, o sal e o leite. Cozinhe por 40 minutos, mexendo sempre. Adicione o açafrão e cozinhe por mais 5 minutos. Servir quente.

Pato Buffad

(Pato Cozido com Legumes)

Para 4 pessoas

ingredientes

4 colheres de sopa de manteiga clarificada

3 cebolas grandes, cortadas em quartos

750g / 1lb 10oz de pato, cortado em 8 pedaços

3 batatas grandes, cortadas em quartos

50g de repolho picado

200 g de ervilhas congeladas

1 colher de chá de açafrão

4 pimentões verdes, cortados longitudinalmente

1 colher de chá de canela em pó

1 colher de chá de cravo moído

30 g de folhas de hortelã picadas finamente

Sal a gosto

750ml / 1¼ litro de água

1 colher de sopa de vinagre de malte

Método

- Aqueça o ghee em uma panela. Adicione a cebola e frite em fogo médio até dourar. Adicione o pato e frite por 5-6 minutos.
- Adicione os ingredientes restantes, exceto a água e o vinagre. Frite por 8 minutos. Adicione a água e o vinagre. Ferva por 40 minutos. Servir quente.

Adraki Murgh

(Frango com Gengibre)

Para 4 pessoas

ingredientes

2 colheres de sopa de óleo vegetal refinado

2 cebolas grandes, finamente picadas

2 colheres de sopa de pasta de gengibre

½ colher de chá de pasta de alho

½ colher de chá de açafrão

1 colher de sopa de garam masala

1 tomate picado

1kg de frango cortado em 12 pedaços

Sal a gosto

Método

- Aqueça o óleo em uma panela. Adicione a cebola, a pasta de gengibre e a pasta de alho e frite em fogo médio por 1-2 minutos.
- Adicione todos os outros ingredientes e refogue por 5-6 minutos.
- Grelhe a mistura por 40 minutos e sirva quente.

Bharva Murgh

(Frango recheado)

Para 4 pessoas

ingredientes

½ colher de chá de pasta de gengibre

½ colher de chá de pasta de alho

1 colher de chá de pasta de tamarindo

1kg de frango

75 g de manteiga clarificada

2 cebolas grandes, finamente picadas

Sal a gosto

3 batatas grandes picadas

2 colheres de chá de coentro moído

1 colher de chá de cominho em pó

1 colher de chá de mostarda em pó

50g de folhas de coentro picadas

2 dentes

2,5 cm de canela

Método

- Misture as pastas de gengibre, alho e tamarindo. Marinar o frango com a mistura por 3 horas. Pôr de lado.
- Aqueça o ghee em uma panela e frite a cebola até dourar. Adicione todos os ingredientes restantes, exceto o frango marinado. Frite por 6 minutos.
- Preencha esta mistura no frango marinado. Asse a 190°C (375°F, Gas Mark 5) por 45 minutos. Servir quente.

Malaidar Murgh

(Frango cozido em molho cremoso)

Para 4 pessoas

ingredientes

4 colheres de sopa de óleo vegetal refinado

2 cebolas grandes, finamente picadas

¼ colher de chá de cravo moído

Sal a gosto

1kg de frango cortado em 12 pedaços

250ml/8fl oz de água

3 tomates picados finamente

125g de iogurte batido

500ml / 16fl oz de creme líquido

2 colheres de sopa de castanha de caju moída

10g de folhas de coentro picadas

Método

- Aqueça o óleo em uma panela. Adicione a cebola, o cravo e o sal. Frite em fogo médio por 3 minutos. Adicione o frango e refogue por 7-8 minutos.
- Adicione a água e os tomates. Cozinhe por 30 minutos.
- Adicione o iogurte, as natas e as castanhas de caju. Ferva por 10 minutos.
- Decore com folhas de coentro e sirva quente.

Caril de frango de Bombaim

Para 4 pessoas

ingredientes

8 colheres de sopa de óleo vegetal refinado

1kg de frango cortado em 12 pedaços

2 cebolas grandes, fatiadas

1 colher de chá de pasta de gengibre

1 colher de chá de pasta de alho

4 dentes moídos

1 polegada de canela em pó

1 colher de chá de cominho em pó

Sal a gosto

2 tomates picados finamente

500ml/16fl oz de água

Método

- Aqueça metade do azeite em uma frigideira antiaderente. Adicione o frango e frite em fogo médio por 5-6 minutos. Pôr de lado.
- Aqueça o óleo restante em uma panela. Adicione a cebola, a pasta de gengibre e a pasta de alho e frite em fogo médio até a cebola dourar. Adicione os ingredientes restantes, exceto a água e o frango. Doure por 5-6 minutos.
- Adicione o frango frito e a água. Cozinhe por 30 minutos e sirva quente.

Frango Durbari

(Molho rico de frango)

Para 4 pessoas

ingredientes

150g de chana dhal*

Sal a gosto

1 litro / 1¾ litros de água

2,5 cm de raiz de gengibre

10 dentes de alho

4 pimentões vermelhos

3 colheres de sopa de manteiga clarificada

2 cebolas grandes, finamente picadas

½ colher de chá de açafrão

2 colheres de sopa de garam masala

½ colher de sopa de sementes de papoula

2 tomates picados finamente

1 kg de frango cortado em 10-12 pedaços

2 colheres de chá de pasta de tamarindo

20 castanhas de caju moídas até formar uma pasta

250ml/8fl oz de água

250ml/8fl oz de leite de coco

Método

- Misture o dhal com o sal e metade da água. Cozinhe em uma panela em fogo médio por 45 minutos. Moa o gengibre, o alho e a pimenta vermelha até formar uma pasta.
- Aqueça o ghee em uma panela. Adicione a cebola, a mistura de dhal e açafrão. Frite em fogo médio por 3-4 minutos. Adicione todos os outros ingredientes.
- Misture bem e cozinhe por 40 minutos, mexendo ocasionalmente. Servir quente.

Pato frito

Para 4 pessoas

ingredientes

3 colheres de sopa de vinagre de malte

2 colheres de sopa de coentro moído

½ colher de chá de pimenta preta moída

Sal a gosto

1kg / 2¼lb de pato, cortado em 8 pedaços

60ml / 2fl oz de óleo vegetal refinado

2 cebolas pequenas

1 litro/1¾ litro de água quente

Método

- Misture o vinagre com os coentros moídos, a pimenta e o sal. Marinar o pato com esta mistura por 1 hora.
- Aqueça o óleo em uma panela. Frite as cebolas em fogo médio até dourar.
- Adicione a água, o sal e o pato. Cozinhe por 45 minutos e sirva quente.

Frango com alho e coentro

Para 4 pessoas

ingredientes

4 colheres de sopa de óleo vegetal refinado

5 cm de canela

3 vagens de cardamomo verde

4 dentes

2 folhas de louro

3 cebolas grandes, finamente picadas

10 dentes de alho picados finamente

1 colher de chá de pasta de gengibre

3 tomates picados finamente

1 frango grande picado

250ml/8fl oz de água

150g de folhas de coentro picadas

Sal a gosto

Método

- Aqueça o óleo em uma panela. Adicione canela, cardamomo, cravo, louro, cebola, alho e pasta de gengibre. Frite por 2-3 minutos.
- Adicione todos os outros ingredientes. Cozinhe por 40 minutos e sirva quente.

Pato Masala

Para 4 pessoas

ingredientes

30g de manteiga clarificada mais 1 colher de sopa para fritar

1 cebola grande, cortada em fatias finas

1 colher de chá de pasta de gengibre

1 colher de chá de pasta de alho

1 colher de chá de coentro moído

½ colher de chá de pimenta preta moída

1 colher de chá de açafrão

1kg de pato cortado em 12 pedaços

1 colher de sopa de vinagre de malte

Sal a gosto

5 cm de canela

3 dentes

1 colher de chá de sementes de mostarda

Método

- Aqueça 30g de manteiga clarificada em uma panela. Adicione a cebola, a pasta de gengibre, a pasta de alho, os coentros, a pimenta e a cúrcuma. Frite por 6 minutos.
- Adicione o pato. Frite em fogo médio por 5 minutos. Adicione o vinagre e o sal. Misture bem e cozinhe por 40 minutos. Pôr de lado.
- Aqueça o restante do ghee em uma panela e acrescente a canela, o cravo e as sementes de mostarda. Deixe-os estalar por 15 segundos. Despeje sobre a mistura de pato e sirva quente.

frango mostarda

Para 4 pessoas

ingredientes

2 tomates grandes, picados finamente

10 g de folhas de hortelã picadas finamente

30g de folhas de coentro picadas

2,5 cm/1 polegada de raiz de gengibre, descascada

8 dentes de alho

3 colheres de sopa de óleo de mostarda

2 colheres de chá de sementes de mostarda

½ colher de chá de sementes de feno-grego

1kg de frango cortado em 12 pedaços

500ml/16fl oz de água quente

Sal a gosto

Método

- Moa os tomates, as folhas de hortelã, as folhas de coentro, o gengibre e o alho até obter uma pasta lisa. Pôr de lado.
- Aqueça o óleo em uma panela. Adicione sementes de mostarda e sementes de feno-grego. Deixe-os estalar por 15 segundos.
- Adicione a pasta de tomate e frite em fogo médio por 2-3 minutos. Adicione o frango, a água e o sal. Misture bem e cozinhe por 40 minutos. Servir quente.

Murgh Lassanwallah

(frango com alho)

Para 4 pessoas

ingredientes

400g de iogurte

3 colheres de chá de pasta de alho

1½ colher de chá de garam masala

Sal a gosto

750g de frango desossado, cortado em 12 pedaços

1 colher de sopa de óleo vegetal refinado

1 colher de chá de sementes de cominho

25 g / escassas 1 onça de folhas de endro

500 ml de leite

1 colher de sopa de pimenta preta moída

Método

- Misture o iogurte, a pasta de alho, o garam masala e o sal. Marinar o frango com esta mistura por 10-12 horas.
- Aqueça o óleo. Adicione as sementes de cominho e deixe-as estalar por 15 segundos. Adicione o frango marinado e frite em fogo médio por 20 minutos.
- Adicione as folhas de endro, o leite e a pimenta. Ferva por 15 minutos. Servir quente.

Chettinad de frango com pimenta

(Frango com Pimenta do Sul da Índia)

Para 4 pessoas

ingredientes

2½ colheres de sopa de óleo vegetal refinado

10 folhas de curry

3 cebolas grandes, finamente picadas

1 colher de chá de pasta de gengibre

1 colher de chá de pasta de alho

½ colher de chá de açafrão

2 tomates picados finamente

½ colher de chá de sementes de erva-doce moídas

¼ colher de chá de cravo moído

500ml/16fl oz de água

1kg de frango cortado em 12 pedaços

Sal a gosto

1 ½ colher de chá de pimenta preta moída grosseiramente

Método

- Aqueça o óleo em uma panela. Adicione folhas de curry, cebola, pasta de gengibre e pasta de alho. Frite em fogo médio por um minuto.
- Adicione todos os outros ingredientes. Cozinhe por 40 minutos e sirva quente.

Frango picado com ovos

Para 4 pessoas

ingredientes

3 colheres de sopa de óleo vegetal refinado

4 ovos cozidos e fatiados

2 cebolas grandes, finamente picadas

2 colheres de chá de pasta de gengibre

2 colheres de chá de pasta de alho

2 tomates picados finamente

1 colher de chá de cominho em pó

2 colheres de chá de coentro moído

½ colher de chá de açafrão

8 a 10 folhas de curry

1 colher de chá de garam masala

750g / 1lb 10oz de frango picado

Sal a gosto

360ml/12fl oz de água

Método

- Aqueça o óleo em uma panela. Adicione os ovos. Frite por 2 minutos e reserve.
- Ao mesmo óleo, acrescente a cebola, a pasta de gengibre e a pasta de alho. Frite em fogo médio por 2-3 minutos.
- Adicione todos os outros ingredientes, exceto água. Misture bem e frite por 5 minutos. Adicione a água. Ferva por 30 minutos.
- Decore com ovos. Servir quente.

Frango Seco

Para 4 pessoas

ingredientes

1kg de frango cortado em 12 pedaços

6 colheres de sopa de óleo vegetal refinado

3 cebolas grandes, cortadas em rodelas finas

Para a marinada:

8 pimentas vermelhas

1 colher de sopa de sementes de gergelim

1 colher de sopa de sementes de coentro

1 colher de chá de garam masala

4 vagens de cardamomo verde

10 dentes de alho

3,5 cm de raiz de gengibre

6 colheres de sopa de vinagre de malte

Sal a gosto

Método

- Moa todos os ingredientes da marinada para obter uma pasta lisa. Marinar o frango com esta pasta por 3 horas.
- Aqueça o óleo em uma panela. Frite as cebolas em fogo baixo até dourar. Adicione o frango e cozinhe por 40 minutos, mexendo sempre. Servir quente.

Kele ki Bhaji

(Caril de Banana Verde)

Para 4 pessoas

ingredientes

6 bananas verdes, descascadas e cortadas em pedaços de 2,5cm de espessura

Sal a gosto

3 colheres de sopa de óleo vegetal refinado

1 cebola grande, cortada em fatias finas

2 dentes de alho esmagados

2-3 pimentões verdes, cortados longitudinalmente

1 cm de raiz de gengibre

1 colher de chá de açafrão

½ colher de chá de sementes de cominho

½ coco fresco ralado

Método

- Mergulhe as bananas em água fria e sal por uma hora. Escorra e reserve.

- Aqueça o óleo em uma panela. Adicione a cebola, o alho, a pimenta verde e o gengibre. Frite em fogo médio até a cebola dourar.

- Adicione as bananas e a cúrcuma, o cominho e o sal. Misture bem. Cubra com uma tampa e cozinhe em fogo baixo por 5-6 minutos.

- Adicione o coco, misture levemente e cozinhe por 2-3 minutos. Servir quente.

Katal de coco

(Jaca Verde com Coco)

Para 4 pessoas

ingredientes

500g / 1lb 2 onças de jaca verde*, descascado e picado

500ml/16fl oz de água

Sal a gosto

100ml de óleo de mostarda

2 folhas de louro

1 colher de chá de sementes de cominho

1 colher de chá de pasta de gengibre

250ml/8fl oz de leite de coco

Açúcar a gosto

Para o tempero:

75 g de manteiga clarificada

1 cm de canela

4 vagens de cardamomo verde

1 colher de chá de pimenta em pó

2 pimentões verdes, cortados longitudinalmente

Método

- Misture os pedaços de jaca com a água e o sal. Cozinhe esta mistura em uma panela em fogo médio por 30 minutos. Escorra e reserve.

- Aqueça o óleo de mostarda em uma panela. Adicione as folhas de louro e as sementes de cominho. Deixe-os estalar por 15 segundos.

- Adicione a pasta de jaca e gengibre, o leite de coco e o açúcar. Cozinhe por 3-4 minutos, mexendo sempre. Pôr de lado.

- Aqueça o ghee em uma frigideira antiaderente. Adicione os ingredientes do molho. Frite por 30 segundos.

- Despeje esta mistura sobre a mistura de jaca. Servir quente.

Fatias de inhame picante

Para 4 pessoas

ingredientes

500 g / 1 lb 2 onças de inhame

1 cebola média

1 colher de chá de pasta de gengibre

1 colher de chá de pasta de alho

1 colher de chá de pimenta em pó

1 colher de chá de coentro moído

4 dentes

1 cm de canela

4 vagens de cardamomo verde

½ colher de chá de pimenta

50 g de folhas de coentro

50 g de folhas de hortelã

Sal a gosto

Óleo vegetal refinado para fritar

Método

- Descasque os inhames e corte-os em rodelas de 1cm de espessura. Cozinhe no vapor por 5 minutos. Pôr de lado.

- Moa o restante dos ingredientes, exceto o óleo, até formar uma pasta lisa.

- Aplique a pasta nos dois lados das fatias de inhame.

- Aqueça o óleo em uma frigideira antiaderente. Adicione as fatias de inhame. Frite dos dois lados até ficar crocante, adicionando um fiozinho de azeite nas bordas. Servir quente.

Inhame Masala

Para 4 pessoas

ingredientes

400g de inhame descascado e cortado em cubos

750ml / 1¼ litro de água

Sal a gosto

3 colheres de sopa de óleo vegetal refinado

¼ sementes de mostarda

2 pimentões vermelhos inteiros, picados grosseiramente

¼ colher de chá de açafrão

¼ colher de chá de cominho em pó

1 colher de chá de coentro moído

3 colheres de sopa de amendoim picado grosseiramente

Método

- Ferva o inhame com água e sal em uma panela por 30 minutos. Escorra e reserve.

- Aqueça o óleo em uma panela. Adicione sementes de mostarda e pedaços de pimenta vermelha. Deixe-os estalar por 15 segundos.

- Adicione os ingredientes restantes e o inhame cozido. Misture bem. Cozinhe por 7-8 minutos. Servir quente

Masala de beterraba

Para 4 pessoas

ingredientes

2 colheres de sopa de óleo vegetal refinado

3 cebolas pequenas, finamente picadas

½ colher de chá de pasta de gengibre

½ colher de chá de pasta de alho

3 pimentões verdes, cortados longitudinalmente

3 beterrabas descascadas e picadas

¼ colher de chá de açafrão

1 colher de chá de coentro moído

¼ colher de chá de garam masala

Sal a gosto

125 g de purê de tomate

1 colher de sopa de folhas de coentro picadas

Método

- Aqueça o óleo em uma panela. Adicione as cebolas. Frite-os em fogo médio até ficarem translúcidos.

- Adicione a pasta de gengibre, a pasta de alho e a pimenta verde. Frite em fogo baixo por 2-3 minutos.

- Adicione a beterraba, a cúrcuma, o coentro moído, o garam masala, o sal e o purê de tomate. Misture bem. Cozinhe por 7-8 minutos. Decore com folhas de coentro. Servir quente.

Broto de feijão masala

Para 4 pessoas

ingredientes

2 colheres de sopa de óleo vegetal refinado

3 cebolas pequenas, finamente picadas

4 pimentões verdes, finamente picados

1 cm de raiz de gengibre cortada em juliana

8 dentes de alho esmagados

¼ colher de chá de açafrão

1 colher de chá de coentro moído

2 tomates picados finamente

200g de feijão mungo germinado, cozido no vapor

Sal a gosto

1 colher de sopa de folhas de coentro picadas

Método

- Aqueça o óleo em uma panela. Adicione a cebola, a pimenta verde, o gengibre e o alho. Frite a mistura em fogo médio até a cebola dourar.

- Adicione os restantes ingredientes, exceto as folhas de coentro. Misture bem. Cozinhe a mistura em fogo baixo por 8 a 10 minutos, mexendo ocasionalmente.

- Decore com folhas de coentro. Servir quente.

Mirch Masala

(pimentão verde picante)

Para 4 pessoas

ingredientes

100g de espinafre picado

10 g de folhas de feno-grego picadas finamente

25 g de folhas de coentro picadas finamente

3 pimentões verdes, cortados longitudinalmente

60 ml de água

3½ colheres de sopa de óleo vegetal refinado

2 colheres de sopa de besan*

1 batata grande cozida e amassada

¼ colher de chá de açafrão

2 colheres de chá de coentro moído

½ colher de chá de pimenta em pó

Sal a gosto

8 pimentões verdes pequenos, sem sementes e sem sementes

1 cebola grande, finamente picada

2 tomates picados finamente

Método

- Misture o espinafre, o feno-grego, as folhas de coentro e a pimenta malagueta com a água. Cozinhe a mistura no vapor por 15 minutos. Escorra e triture esta mistura até formar uma pasta.

- Aqueça metade do azeite em uma panela. Adicione besan, batata, açafrão, coentro moído, pimenta em pó, sal e pasta de espinafre. Misture bem. Frite esta mistura em fogo médio por 3-4 minutos. Retire do fogo.

- Recheie esta mistura nos pimentões verdes.

- Aqueça ½ colher de sopa de óleo em uma frigideira antiaderente. Adicione os pimentões recheados. Frite em fogo médio por 7-8 minutos, virando-os de vez em quando. Pôr de lado.

- Aqueça o óleo restante em uma panela. Adicione a cebola. Frite em fogo médio até dourar. Adicione os tomates recheados fritos e os pimentões. Misture bem. Cubra com uma tampa e cozinhe em fogo baixo por 4-5 minutos. Servir quente.

Tomate Kadhi

(Tomate em Grama de Farinha)

Para 4 pessoas

ingredientes

2 colheres de sopa de besan*

120ml de água

3 colheres de sopa de óleo vegetal refinado

½ colher de chá de sementes de mostarda

½ colher de chá de sementes de feno-grego

½ colher de chá de sementes de cominho

2 pimentões verdes cortados longitudinalmente

8 folhas de curry

1 colher de chá de pimenta em pó

2 colheres de chá de açúcar

150 g de mistura de vegetais congelados

Sal a gosto

8 tomates escaldados e amassados

2 colheres de sopa de folhas de coentro picadas finamente

Método

- Misture besan com água para formar uma pasta lisa. Pôr de lado.

- Aqueça o óleo em uma panela. Adicione sementes de mostarda, feno-grego e cominho, pimenta verde, folhas de curry, pimenta em pó e açúcar. Deixe-os estalar por 30 segundos.

- Adicione os legumes e o sal. Frite a mistura em fogo médio por um minuto.

- Adicione o purê de tomate. Misture bem. Cozinhe a mistura em fogo baixo por 5 minutos.

- Adicione a pasta Besan. Cozinhe por mais 3-4 minutos.

- Decore o kadhi com folhas de coentro. Servir quente.

Kolhapuri vegetal

(vegetais mistos picantes)

Para 4 pessoas

ingredientes

200 g de mistura de vegetais congelados

125 g de ervilhas congeladas

500ml/16fl oz de água

2 pimentões vermelhos

2,5 cm de raiz de gengibre

8 dentes de alho

2 pimentões verdes

50 g de folhas de coentro picadas finamente

3 colheres de sopa de óleo vegetal refinado

3 cebolas pequenas, finamente picadas

3 tomates picados finamente

¼ colher de chá de açafrão

¼ colher de chá de coentro moído

Sal a gosto

Método

- Misture os legumes e as ervilhas com a água. Cozinhe a mistura em uma panela em fogo médio por 10 minutos. Pôr de lado.

- Moa a pimenta vermelha, o gengibre, o alho, a pimenta verde e as folhas de coentro até formar uma pasta fina.

- Aqueça o óleo em uma frigideira antiaderente. Adicione a pasta de pimenta vermelha e gengibre moída e as cebolas. Frite a mistura em fogo médio por 2 minutos.

- Adicione o tomate, a cúrcuma, o coentro moído e o sal. Frite esta mistura por 2-3 minutos, mexendo ocasionalmente.

- Adicione os legumes cozidos. Misture bem. Cubra com uma tampa e cozinhe a mistura em fogo baixo por 5-6 minutos, mexendo em intervalos regulares.

- Servir quente.

Undhiyu

(Vegetais Mistos Gujarati com Bolinhos)

Para 4 pessoas

ingredientes

2 batatas grandes, descascadas

250 g de favas nas vagens

1 banana verde, descascada

20g/¾oz de inhame, descascado

2 berinjelas pequenas

60 g de coco fresco ralado

8 dentes de alho

2 pimentões verdes

2,5 cm de raiz de gengibre

100 g de folhas de coentro picadas finamente

Sal a gosto

60ml / 2fl oz de óleo vegetal refinado mais extra para fritar

Pitada de assa-fétida

½ colher de chá de sementes de mostarda

250ml/8fl oz de água

Para os muthies:

60g/2 onças de Besan*

25 g/1 onça de folhas frescas de feno-grego, picadas finamente

½ colher de chá de pasta de gengibre

2 pimentões verdes picados finamente

Método

- Corte as batatas, o feijão, a banana, o inhame e as berinjelas em cubos. Pôr de lado.
- Moa o coco, o alho, a pimenta verde, o gengibre e as folhas de coentro até formar uma pasta. Misture esta pasta com os legumes picados e o sal. Pôr de lado.
- Misture todos os ingredientes da muthia. Sove a mistura até obter uma massa compacta. Divida a massa em bolas do tamanho de nozes.
- Aqueça o óleo para fritar em uma frigideira antiaderente. Adicione o muthie. Frite-os em fogo médio até dourar. Escorra e reserve.
- Aqueça o óleo restante em uma panela. Adicione assa-fétida e sementes de mostarda. Deixe-os estalar por 15 segundos.
- Adicione a água, o mutie e a mistura de vegetais. Misture bem. Cubra com uma tampa e cozinhe por 20 minutos, mexendo em intervalos regulares. Servir quente.

Caril Kofta De Banana

Para 4 pessoas

ingredientes
Para os koftas:

2 bananas verdes, cozidas e descascadas

2 batatas grandes, cozidas e descascadas

3 pimentões verdes, finamente picados

1 cebola grande, finamente picada

1 colher de sopa de folhas de coentro picadas finamente

1 colher de sopa de besan*

½ colher de chá de pimenta em pó

Sal a gosto

Manteiga clarificada para fritar

Para o caril:

75 g de manteiga clarificada

1 cebola grande, finamente picada

10 dentes de alho esmagados

1 colher de sopa de coentro moído

1 colher de chá de garam masala

2 tomates picados finamente

3 folhas de curry

Sal a gosto

250ml/8fl oz de água

½ colher de sopa de folhas de coentro picadas finamente

Método

- Amasse as bananas e as batatas.
- Misture com os ingredientes restantes do kofta, exceto o ghee. Sove esta mistura até obter uma massa compacta. Divida a massa em bolas do tamanho de nozes para fazer koftas.
- Aqueça o ghee para fritar em uma frigideira antiaderente. Adicione os koftas. Frite-os em fogo médio até dourar. Escorra e reserve.
- Para o curry, aqueça o ghee em uma panela. Adicione a cebola e o alho. Frite em fogo médio até a cebola ficar translúcida. Adicione o coentro moído e o garam masala. Frite por 2-3 minutos.
- Adicione os tomates, as folhas de curry, o sal e a água. Misture bem. Ferva a mistura por 15 minutos, mexendo ocasionalmente.
- Adicione os koftas fritos. Cubra com uma tampa e continue cozinhando por 2-3 minutos.
- Decore com folhas de coentro. Servir quente.

Cabaça amarga com cebola

Para 4 pessoas

ingredientes

Cabaças Amargas 500g / 1lb 2oz*

Sal a gosto

750ml / 1¼ litro de água

4 colheres de sopa de óleo vegetal refinado

½ colher de chá de sementes de cominho

½ colher de chá de sementes de mostarda

Pitada de assa-fétida

½ colher de chá de pasta de gengibre

½ colher de chá de pasta de alho

2 cebolas grandes, finamente picadas

½ colher de chá de açafrão

1 colher de chá de pimenta em pó

1 colher de chá de cominho em pó

1 colher de chá de coentro moído

1 colher de chá de açúcar

Suco de 1 limão

1 colher de sopa de folhas de coentro picadas finamente

Método

- Descasque as cabaças amargas e corte-as em rodelas finas. Jogue as sementes.
- Cozinhe-os com sal e água em uma panela em fogo médio por 5 a 7 minutos. Retire do fogo, escorra e esprema a água, reserve.
- Aqueça o óleo em uma panela. Adicione as sementes de cominho e mostarda. Deixe-os estalar por 15 segundos.
- Adicione assa-fétida, pasta de gengibre e pasta de alho. Frite a mistura em fogo médio por um minuto.
- Adicione as cebolas. Frite-os por 2-3 minutos.
- Adicione o açafrão, a pimenta em pó, o cominho em pó e o coentro em pó. Misture bem.

- Adicione a cabaça amarga, o açúcar e o suco de limão. Misture bem. Cubra com uma tampa e cozinhe a mistura em fogo baixo por 6-7 minutos, mexendo em intervalos regulares.
- Decore com folhas de coentro. Servir quente.

Sukha Khatta Chana

(Grão de bico seco azedo)

Para 4 pessoas

ingredientes

4 grãos de pimenta preta

2 dentes

2,5 cm de canela

½ colher de chá de sementes de coentro

½ colher de chá de sementes de cominho preto

½ colher de chá de sementes de cominho

500 g de grão de bico, deixado de molho durante a noite

Sal a gosto

1 litro / 1¾ litros de água

1 colher de sopa de sementes de romã secas

Sal a gosto

1 cm de raiz de gengibre, finamente picada

1 pimenta verde picada

2 colheres de chá de pasta de tamarindo

2 colheres de sopa de manteiga clarificada

1 batata pequena cortada em cubos

1 tomate picado

Método

- Para a mistura de especiarias, triture os grãos de pimenta, o cravo, a canela, os coentros, as sementes de cominho preto e as sementes de cominho até obter um pó fino. Pôr de lado.
- Misture o grão de bico com o sal e a água. Cozinhe esta mistura em uma panela em fogo médio por 45 minutos. Pôr de lado.
- Torrar as sementes de romã em uma panela em fogo médio por 2-3 minutos. Retire do fogo e triture até virar pó. Misture com sal e cozinhe a mistura novamente por 5 minutos. Transfira para uma panela.
- Adicione gengibre, pimenta verde e pasta de tamarindo. Cozinhe esta mistura em fogo médio por 4-5 minutos. Adicione a mistura de especiarias moídas. Misture bem e reserve.
- Aqueça o ghee em outra panela. Adicione as batatas. Frite-os em fogo médio até dourar.
- Adicione as batatas fritas ao grão de bico cozido. Adicione também a mistura de especiarias de tamarindo moído.
- Misture bem e cozinhe por 5-6 minutos.

Bharwan Karela

(Cabaça Amarga Recheada)

Para 4 pessoas

ingredientes

500g / 1lb 2oz cabaças amargas pequenas*

Sal a gosto

1 colher de chá de açafrão

Óleo vegetal refinado para fritar

Para o recheio:

5-6 pimentões verdes

2,5 cm de raiz de gengibre

12 dentes de alho

3 cebolas pequenas

1 colher de sopa de óleo vegetal refinado

4 batatas grandes cozidas e amassadas

½ colher de chá de açafrão

½ colher de chá de pimenta em pó

1 colher de chá de cominho em pó

1 colher de chá de coentro moído

Pitada de assa-fétida

Sal a gosto

Método

- Descasque as abóboras amargas. Corte-os cuidadosamente no sentido do comprimento, mantendo as bases intactas. Retire as sementes e a polpa e descarte. Esfregue sal e açafrão nas cascas externas. Reserve-os por 4-5 horas.
- Para o recheio, triture a pimenta, o gengibre, o alho e a cebola até formar uma pasta. Pôr de lado.
- Aqueça 1 colher de sopa de óleo em uma frigideira antiaderente. Adicione a cebola, o gengibre e a pasta de alho. Frite em fogo médio por 2-3 minutos.
- Adicione os ingredientes restantes para o recheio. Misture bem. Frite a mistura em fogo médio por 3-4 minutos.
- Retire do fogo e deixe a mistura esfriar. Preencha esta mistura nas abóboras. Amarre cada abóbora com um barbante para que o recheio não caia durante o cozimento.
- Aqueça o óleo para fritar em uma frigideira. Adicione as abóboras recheadas. Frite-os em fogo médio até dourar e ficar crocante, virando sempre.
- Derreta as cabaças amargas e descarte os fios. Servir quente.

Caril Kofta de Repolho

(bolinhos de repolho ao molho)

Para 4 pessoas

ingredientes

1 repolho grande ralado

250g/9 onças de besan*

Sal a gosto

Óleo vegetal refinado para fritar

2 colheres de sopa de folhas de coentro, para enfeitar

Para o molho:

3 colheres de sopa de óleo vegetal refinado

3 folhas de louro

1 cardamomo preto

1 cm de canela

1 dente

1 cebola grande, picado

2,5 cm de raiz de gengibre, cortada em juliana

3 tomates picados finamente

1 colher de chá de coentro moído

1 colher de chá de cominho em pó

Sal a gosto

250ml/8fl oz de água

Método

- Amasse o repolho, o besan e o sal até obter uma massa macia. Divida a massa em bolas do tamanho de nozes.
- Aqueça o óleo em uma frigideira antiaderente. Adicione as bolas. Frite-os em fogo médio até dourar. Escorra e reserve.
- Para o molho, aqueça o azeite em uma panela. Adicione as folhas de louro, o cardamomo, a canela e o cravo. Deixe-os estalar por 30 segundos.
- Adicione a cebola e o gengibre. Frite esta mistura em fogo médio até a cebola ficar translúcida.
- Adicione os tomates, os coentros moídos e o cominho moído. Misture bem. Frite por 2-3 minutos.
- Adicione o sal e a água. Mexa por um minuto. Cubra com uma tampa e cozinhe por 5 minutos.
- Descubra a panela e adicione as bolas de kofta. Cozinhe por mais 5 minutos, mexendo ocasionalmente.
- Decore com folhas de coentro. Servir quente.

Abacaxi Gojju

(Compota de abacaxi picante)

Para 4 pessoas

ingredientes

3 colheres de sopa de óleo vegetal refinado

250ml/8fl oz de água

1 colher de chá de sementes de mostarda

6 folhas de curry esmagadas

Pitada de assa-fétida

½ colher de chá de açafrão

Sal a gosto

400g de abacaxi picado

Para a mistura de especiarias:

4 colheres de sopa de coco fresco ralado

3 pimentões verdes

2 pimentões vermelhos

½ colher de chá de sementes de erva-doce

½ colher de chá de sementes de feno-grego

1 colher de chá de sementes de cominho

2 colheres de chá de sementes de coentro

1 ramo de folhas de coentro

1 dente

2-3 grãos de pimenta

Método

- Misture todos os ingredientes da mistura de especiarias.
- Aqueça 1 colher de sopa de óleo em uma panela. Adicione a mistura de especiarias. Frite em fogo médio por 1-2 minutos, mexendo sempre. Retire do fogo e triture com metade da água até obter uma pasta lisa. Pôr de lado.
- Aqueça o óleo restante em uma panela. Adicione sementes de mostarda e folhas de curry. Deixe-os estalar por 15 segundos.
- Adicione assa-fétida, açafrão e sal. Frite por um minuto.
- Adicione o abacaxi, a pasta de especiarias e o restante da água. Misture bem. Cubra com uma tampa e cozinhe por 8 a 12 minutos. Servir quente.

Cabaça amarga de Gojju

(Compota de cabaça amarga picante)

Para 4 pessoas

ingredientes

Sal a gosto

4 cabaças amargas grandes*, descascado, cortado longitudinalmente, sem sementes e fatiado

6 colheres de sopa de óleo vegetal refinado

1 colher de chá de sementes de mostarda

8 a 10 folhas de curry

1 cebola grande ralada

3-4 dentes de alho esmagados

2 colheres de chá de pimenta em pó

1 colher de chá de cominho em pó

½ colher de chá de açafrão

1 colher de chá de coentro moído

2 colheres de chá de sambhar em pó*

2 colheres de chá de coco fresco, ralado

1 colher de chá de sementes de feno-grego, torradas e moídas

2 colheres de chá de sementes de gergelim branco, torradas e moídas

2 colheres de sopa de açúcar mascavo*, dissolvido

½ colher de chá de pasta de tamarindo

250ml/8fl oz de água

Pitada de assa-fétida

Método

- Esfregue sal nas fatias de cabaça amarga. Coloque-os em uma tigela e feche com papel alumínio. Reserve por 30 minutos. Esprema o excesso de umidade.
- Aqueça metade do azeite em uma panela. Adicione as cabaças amargas. Frite-os em fogo médio até dourar. Pôr de lado.
- Aqueça o óleo restante em outra panela. Adicione sementes de mostarda e folhas de curry. Deixe-os estalar por 15 segundos.
- Adicione a cebola e o alho. Frite esta mistura em fogo médio até a cebola dourar.
- Adicione pimenta em pó, cominho em pó, açafrão, coentro em pó, sambhar em pó e coco. Frite por 2-3 minutos.
- Adicione os ingredientes restantes, exceto a água e a assa-fétida. Frite por mais um minuto.
- Adicione as cabaças amargas fritas, um pouco de sal e água. Misture bem. Cubra com uma tampa e cozinhe por 12 a 15 minutos.
- Adicione assa-fétida. Misture bem. Servir quente.

Baingan Mirchi ka Salan

(beringela e pimenta malagueta)

Para 4 pessoas

ingredientes

6 pimentões verdes inteiros

4 colheres de sopa de óleo vegetal refinado

600g / 1lb 5 onças de berinjelas pequenas, cortadas em quartos

4 pimentões verdes

1 colher de chá de sementes de gergelim

10 castanhas de caju

20-25 amendoins

5 grãos de pimenta preta

¼ colher de chá de sementes de feno-grego

¼ colher de chá de sementes de mostarda

1 colher de chá de pasta de gengibre

1 colher de chá de pasta de alho

1 colher de chá de coentro moído

1 colher de chá de cominho em pó

½ colher de chá de açafrão

125 g de iogurte

2 colheres de chá de pasta de tamarindo

3 pimentões vermelhos inteiros

Sal a gosto

1 litro / 1¾ litros de água

Método

- Retire as sementes e pique os pimentões verdes em tiras compridas.
- Aqueça 1 colher de sopa de óleo em uma panela. Adicione o pimentão verde e refogue em fogo médio por 1-2 minutos. Pôr de lado.
- Aqueça 2 colheres de sopa de óleo em outra panela. Adicione as beringelas e os pimentões verdes. Frite em fogo médio por 2-3 minutos. Pôr de lado.
- Aqueça uma panela e cozinhe as sementes de gergelim, castanha de caju, amendoim e pimenta em fogo médio por 1-2 minutos. Retire do fogo e pique a mistura grosseiramente.
- Aqueça o óleo restante em uma panela. Adicione sementes de feno-grego, sementes de mostarda, pasta de gengibre, pasta de alho, coentro moído, cominho moído, açafrão e mistura de sementes de caju e gergelim. Frite em fogo médio por 2-3 minutos.
- Adicione o pimentão verde salteado, a berinjela salteada e todos os ingredientes restantes. Ferva por 10-12 minutos.
- Servir quente.

Frango com Verduras

Para 4 pessoas

ingredientes

750g de frango de 10 onças, cortado em 8 pedaços

50g de espinafre picado

25 g/1 onça de folhas frescas de feno-grego, picadas finamente

100 g de folhas de coentro picadas finamente

50 g de folhas de hortelã picadas finamente

6 pimentões verdes, finamente picados

120ml / 4fl oz de óleo vegetal refinado

2-3 cebolas grandes, cortadas em fatias finas

Sal a gosto

Método

- Misture todos os ingredientes da marinada. Marinar o frango com esta mistura por uma hora.
- Moa o espinafre, as folhas de feno-grego, as folhas de coentro e as folhas de hortelã junto com a pimenta verde até obter uma pasta lisa. Misture esta pasta com o frango marinado. Pôr de lado.
- Aqueça o óleo em uma panela. Adicione as cebolas. Frite-os em fogo médio até dourar.

- Adicione a mistura de frango e sal. Misture bem. Cubra com uma tampa e cozinhe em fogo baixo por 40 minutos, mexendo de vez em quando. Servir quente.

Para a marinada:

1 colher de chá de garam masala

1 colher de chá de coentro moído

1 colher de chá de cominho em pó

200g de iogurte

¼ colher de chá de açafrão

1 colher de chá de pimenta em pó

1 colher de chá de pasta de gengibre

1 colher de chá de pasta de alho

Frango Tikka Masala

Para 4 pessoas

ingredientes

200g de iogurte

½ colher de sopa de pasta de gengibre

½ colher de sopa de pasta de alho

Uma pitada de corante alimentício laranja

2 colheres de sopa de óleo vegetal refinado

500g / 1lb 2 onças de frango desossado, cortado em pedaços pequenos

1 colher de sopa de manteiga

6 tomates picados finamente

2 cebolas grandes

½ colher de chá de pasta de gengibre

½ colher de chá de pasta de alho

½ colher de chá de açafrão

1 colher de sopa de garam masala

1 colher de chá de pimenta em pó

Sal a gosto

1 colher de sopa de folhas de coentro picadas finamente

Método

- Para o tikka, misture o iogurte, a pasta de gengibre, a pasta de alho, o corante alimentício e 1 colher de sopa de óleo. Marinar o frango com esta mistura por 5 horas.
- Grelhe o frango marinado por 10 minutos. Pôr de lado.
- Aqueça a manteiga em uma panela. Adicione os tomates. Frite-os em fogo médio por 3-4 minutos. Retire do fogo e misture até ficar homogêneo. Pôr de lado.
- Moa a cebola até formar uma pasta lisa.
- Aqueça o óleo restante em uma panela. Adicione a pasta de cebola. Frite em fogo médio até dourar.

- Adicione a pasta de gengibre e a pasta de alho. Frite por um minuto.
- Adicione o açafrão, o garam masala, a pimenta em pó e a pasta de tomate. Misture bem. Mexa a mistura por 3-4 minutos.
- Adicione sal e frango grelhado. Misture delicadamente até que o molho cubra o frango.
- Decore com folhas de coentro. Servir quente.

Frango recheado picante em molho rico

Para 4 pessoas

ingredientes

½ colher de chá de pimenta em pó

½ colher de chá de garam masala

4 colheres de chá de pasta de gengibre

4 colheres de chá de pasta de alho

Sal a gosto

8 peitos de frango amassados

4 cebolas grandes, finamente picadas

5cm de raiz de gengibre, finamente picada

5 pimentões verdes, finamente picados

200g/7 onças de khoya*

2 colheres de sopa de suco de limão

50 g de folhas de coentro picadas finamente

15 cajus

5 colheres de chá de coco ralado

30 g de amêndoas em lascas

1 colher de chá de açafrão embebido em 1 colher de sopa de leite

150 g de manteiga clarificada

200g de iogurte batido

Método

- Misture a pimenta em pó, o garam masala, metade da pasta de gengibre, metade da pasta de alho e um pouco de sal. Marinar os peitos de frango com esta mistura por 2 horas.
- Misture metade da cebola com gengibre picado, pimenta verde, khoya, suco de limão, sal e metade das folhas de coentro. Divida esta mistura em 8 porções iguais.
- Coloque cada porção na extremidade estreita de cada peito de frango e enrole para dentro para selar o peito. Pôr de lado.
- Pré-aqueça o forno a 200°C (400°F, Gas Mark 6). Coloque os peitos de frango recheados em uma assadeira untada e leve ao forno por 15-20 minutos até dourar. Pôr de lado.
- Moa as castanhas de caju e o coco até formar uma pasta lisa. Pôr de lado.
- Mergulhe as amêndoas na mistura de leite com açafrão. Pôr de lado.
- Aqueça o ghee em uma panela. Adicione as cebolas restantes. Frite-os em fogo médio até ficarem translúcidos. Adicione a pasta de gengibre restante e a pasta de alho. Frite a mistura por um minuto.
- Adicione a pasta de castanha de caju e o coco. Frite por um minuto. Adicione o iogurte e o peito de frango assado. Misture bem. Cozinhe por 5-6 minutos, mexendo sempre. Adicione a mistura de amêndoa e açafrão. Misture delicadamente. Ferva por 5 minutos.

- Decore com folhas de coentro. Servir quente.

Masala de frango picante

Para 4 pessoas

ingredientes

6 pimentões vermelhos secos inteiros

2 colheres de sopa de sementes de coentro

6 vagens de cardamomo verde

6 dentes

5 cm de canela

2 colheres de chá de sementes de erva-doce

½ colher de chá de pimenta preta

120ml / 4fl oz de óleo vegetal refinado

2 cebolas grandes, fatiadas

1 cm de raiz de gengibre ralada

8 dentes de alho esmagados

2 tomates grandes, picados finamente

3-4 folhas de louro

1kg de frango cortado em 12 pedaços

½ colher de chá de açafrão

Sal a gosto

500ml/16fl oz de água

100 g de folhas de coentro picadas finamente

Método

- Misture a pimenta vermelha, as sementes de coentro, o cardamomo, o cravo, a canela, as sementes de erva-doce e a pimenta.
- Asse a mistura a seco e triture-a até formar um pó. Pôr de lado.
- Aqueça o óleo em uma panela. Adicione as cebolas. Frite-os em fogo médio até dourar.
- Adicione o gengibre e o alho. Frite por um minuto.
- Adicione os tomates, as folhas de louro, a pimenta vermelha em pó esmagada e as sementes de coentro. Continue fritando por 2-3 minutos.
- Adicione o frango, a cúrcuma, o sal e a água. Misture bem. Cubra com uma tampa e cozinhe por 40 minutos, mexendo em intervalos regulares.
- Decore o frango com as folhas de coentro. Servir quente.

Frango da Caxemira

Para 4 pessoas

ingredientes

2 colheres de sopa de vinagre de malte

2 colheres de chá de pimenta vermelha em flocos

2 colheres de chá de sementes de mostarda

2 colheres de chá de sementes de cominho

½ colher de chá de pimenta preta

7,5 cm/3 polegadas de canela

10 dentes

75 g de manteiga clarificada

1kg de frango cortado em 12 pedaços

1 colher de sopa de óleo vegetal refinado

4 folhas de louro

4 cebolas médias, picadas finamente

1 colher de sopa de pasta de gengibre

1 colher de sopa de pasta de alho

3 tomates picados finamente

1 colher de chá de açafrão

500ml/16fl oz de água

Sal a gosto

20 castanhas de caju moídas

6 fios de açafrão embebidos em suco de 1 limão

Método

- Misture o vinagre de malte com os flocos de pimenta, as sementes de mostarda, as sementes de cominho, a pimenta, a canela e o cravo. Moa esta mistura até formar uma pasta lisa. Pôr de lado.
- Aqueça o ghee em uma panela. Adicione os pedaços de frango e frite em fogo médio até dourar. Escorra e reserve.
- Aqueça o óleo em uma panela. Adicione as folhas de louro e a cebola. Frite esta mistura em fogo médio até a cebola dourar.
- Adicione a pasta de vinagre. Misture bem e cozinhe por 7-8 minutos.
- Adicione a pasta de gengibre e a pasta de alho. Frite esta mistura por um minuto.
- Adicione os tomates e a cúrcuma. Misture bem e cozinhe em fogo médio por 2-3 minutos.
- Adicione o frango frito, a água e o sal. Misture bem para cobrir o frango. Cubra com uma tampa e cozinhe por 30 minutos, mexendo ocasionalmente.
- Adicione as castanhas de caju e o açafrão. Continue a ferver por 5 minutos. Servir quente.

Rum e frango

Para 4 pessoas

ingredientes

1 colher de chá de garam masala

1 colher de chá de pimenta em pó

1kg de frango cortado em 8 pedaços

6 dentes de alho

4 grãos de pimenta preta

4 dentes

½ colher de chá de sementes de cominho

2,5 cm de canela

50g de coco ralado na hora

4 amêndoas

1 vagem de cardamomo verde

1 colher de sopa de sementes de coentro

300ml/10fl oz de água

75 g de manteiga clarificada

3 cebolas grandes, finamente picadas

Sal a gosto

½ colher de chá de açafrão

120ml / 4fl oz de rum escuro

1 colher de sopa de folhas de coentro picadas finamente

Método

- Misture o garam masala e a pimenta em pó. Marinar o frango com esta mistura por 2 horas.
- Asse a seco o alho, a pimenta, o cravo, as sementes de cominho, a canela, o coco, as amêndoas, o cardamomo e as sementes de coentro.
- Moa com 60 ml de água até obter uma pasta lisa. Pôr de lado.
- Aqueça o ghee em uma panela. Adicione as cebolas e frite-as em fogo médio até ficarem translúcidas.
- Adicione a pasta de alho e os grãos de pimenta. Misture bem. Frite a mistura por 3-4 minutos.
- Adicione o frango marinado e o sal. Misture bem. Continue fritando por 3-4 minutos, mexendo ocasionalmente.
- Adicione 240 ml de água. Misture delicadamente. Cubra com uma tampa e cozinhe em fogo baixo por 40 minutos, mexendo em intervalos regulares.
- Adicione o açafrão e o rum. Misture bem e continue cozinhando por 10 minutos.
- Decore com folhas de coentro. Servir quente.

Frango Shahjahani

(Frango ao molho picante)

Para 4 pessoas

ingredientes

5 colheres de sopa de óleo vegetal refinado

2 folhas de louro

5 cm de canela

6 vagens de cardamomo verde

½ colher de chá de sementes de cominho

8 dentes

3 cebolas grandes, finamente picadas

1 colher de chá de açafrão

1 colher de chá de pimenta em pó

1 colher de chá de pasta de gengibre

1 colher de chá de pasta de alho

Sal a gosto

75g de castanha de caju moída

150g de iogurte batido

1kg de frango cortado em 8 pedaços

2 colheres de sopa de creme líquido

¼ colher de chá de cardamomo preto moído

10g de folhas de coentro picadas finamente

Método

- Aqueça o óleo em uma panela. Adicione as folhas de louro, a canela, o cardamomo, as sementes de cominho e o cravo. Deixe-os estalar por 15 segundos.
- Adicione cebola, açafrão e pimenta em pó. Frite a mistura em fogo médio por 1-2 minutos.
- Adicione a pasta de gengibre e a pasta de alho. Frite por 2-3 minutos, mexendo sempre.
- Adicione sal e castanha de caju moída. Misture bem e frite por mais um minuto.
- Adicione o iogurte e o frango. Misture delicadamente até que a mistura cubra os pedaços de frango.
- Cubra com uma tampa e cozinhe a mistura em fogo baixo por 40 minutos, mexendo sempre.
- Descubra a panela e acrescente o creme de leite e o cardamomo moído. Mexa delicadamente por 5 minutos.
- Decore o frango com as folhas de coentro. Servir quente.

Frango de Páscoa

Para 4 pessoas

ingredientes

1 colher de chá de suco de limão

1 colher de chá de pasta de gengibre

1 colher de chá de pasta de alho

Sal a gosto

1kg de frango cortado em 8 pedaços

2 colheres de sopa de sementes de coentro

12 dentes de alho

2,5 cm de raiz de gengibre

1 colher de chá de sementes de cominho

8 pimentas vermelhas

4 dentes

2,5 cm de canela

1 colher de chá de açafrão

1 litro / 1¾ litros de água

4 colheres de sopa de óleo vegetal refinado

3 cebolas grandes, finamente picadas

4 pimentões verdes, cortados longitudinalmente

3 tomates picados finamente

1 colher de chá de pasta de tamarindo

2 batatas grandes, cortadas em quartos

Método

- Misture o suco de limão, a pasta de gengibre, a pasta de alho e o sal. Marinar os pedaços de frango com esta mistura por 2 horas.
- Misture as sementes de coentro, o alho, o gengibre, as sementes de cominho, a pimenta vermelha, o cravo, a canela e a cúrcuma.
- Triture esta mistura com metade da água até obter uma pasta lisa. Pôr de lado.
- Aqueça o óleo em uma panela. Adicione as cebolas. Frite-os em fogo médio até ficarem translúcidos.
- Adicione pimenta verde e pasta de sementes de coentro e alho. Frite esta mistura por 3-4 minutos.
- Adicione os tomates e a pasta de tamarindo. Continue fritando por 2-3 minutos.
- Adicione o frango marinado, as batatas e o restante da água. Misture bem. Cubra com uma tampa e cozinhe por 40 minutos, mexendo em intervalos regulares.
- Servir quente.

Pato Picante Com Batata

Para 4 pessoas

ingredientes

1 colher de chá de coentro moído

2 colheres de chá de pimenta em pó

¼ colher de chá de açafrão

5 cm de canela

6 dentes

4 vagens de cardamomo verde

1 colher de chá de sementes de erva-doce

60ml / 2fl oz de óleo vegetal refinado

4 cebolas grandes, cortadas em rodelas finas

5 cm de raiz de gengibre picada

8 dentes de alho

6 pimentões verdes, cortados longitudinalmente

3 batatas grandes, cortadas em quartos

1 kg de pato cortado em 8 a 10 pedaços

2 colheres de chá de vinagre de malte

750ml / 1¼ litro de leite de coco

Sal a gosto

1 colher de chá de manteiga

1 colher de chá de sementes de mostarda

2 chalotas fatiadas

8 folhas de curry

Método

- Misture o coentro, a pimenta em pó, a cúrcuma, a canela, o cravo, o cardamomo e as sementes de erva-doce. Moa esta mistura até virar pó. Pôr de lado.
- Aqueça o óleo em uma panela. Adicione a cebola, o gengibre, o alho e a pimenta verde. Frite em fogo médio por 2-3 minutos.
- Adicione a mistura de especiarias em pó. Doure por 2 minutos.
- Adicione as batatas. Continue fritando por 3-4 minutos.
- Adicione o pato, o vinagre de malte, o leite de coco e o sal. Misture por 5 minutos. Cubra com uma tampa e cozinhe a mistura em fogo baixo por 40 minutos, mexendo sempre. Assim que o pato estiver cozido, retire do fogo e reserve.
- Aqueça o ghee em uma panela pequena. Adicione as sementes de mostarda, as chalotas e as folhas de curry. Frite em fogo alto por 30 segundos.
- Despeje sobre o pato. Misture bem. Servir quente.

Pato Moile

(Caril de Pato Simples)

Para 4 pessoas

ingredientes

1kg de pato cortado em 12 pedaços

Sal a gosto

1 colher de sopa de coentro moído

1 colher de chá de cominho em pó

6 grãos de pimenta preta

4 dentes

2 vagens de cardamomo verde

2,5 cm de canela

120ml / 4fl oz de óleo vegetal refinado

3 cebolas grandes, finamente picadas

5 cm de raiz de gengibre, cortada em fatias finas

3 pimentões verdes, finamente picados

½ colher de chá de açúcar

2 colheres de sopa de vinagre de malte

360ml/12fl oz de água

Método

- Marinar os pedaços de pato com sal por uma hora.
- Misture o coentro moído, o cominho moído, a pimenta, o cravo, o cardamomo e a canela. Cozinhe esta mistura a seco em uma panela em fogo médio por 1-2 minutos.
- Retire do fogo e triture até obter um pó fino. Pôr de lado.
- Aqueça o óleo em uma panela. Adicione os pedaços de pato marinado. Frite-os em fogo médio até dourar. Mexa ocasionalmente para garantir que não queimem. Escorra e reserve.
- Aqueça o mesmo azeite e acrescente a cebola. Frite-os em fogo médio até dourar.
- Adicione gengibre e pimenta verde. Continue fritando por 1-2 minutos.
- Adicione o açúcar, o vinagre de malte e os coentros e cominhos em pó. Mexa por 2-3 minutos.
- Adicione os pedaços de pato frito junto com a água. Misture bem. Cubra com uma tampa e cozinhe por 40 minutos, mexendo ocasionalmente.
- Servir quente.

Bharwa Murgh Kaju

(Frango Recheado com Caju)

Para 4 pessoas

ingredientes

3 colheres de chá de pasta de gengibre

3 colheres de chá de pasta de alho

10 castanhas de caju moídas

1 colher de chá de pimenta em pó

1 colher de chá de garam masala

Sal a gosto

8 peitos de frango amassados

4 cebolas grandes, finamente picadas

200g/7 onças de khoya*

6 pimentões verdes, finamente picados

25 g / escassas 1 onça de folhas de hortelã, picadas finamente

25 g de folhas de coentro picadas finamente

2 colheres de sopa de suco de limão

75 g de manteiga clarificada

75g de castanha de caju moída

400g de iogurte batido

2 colheres de chá de garam masala

2 colheres de chá de açafrão embebidas em 2 colheres de sopa de leite quente

Sal a gosto

Método

- Misture metade da pasta de gengibre e metade da pasta de alho com a castanha de caju moída, a pimenta em pó, o garam masala e um pouco de sal.
- Marinar os peitos de frango com esta mistura por 30 minutos.
- Misture metade da cebola com o khoya, a pimenta verde, as folhas de hortelã, as folhas de coentro e o suco de limão. Divida esta mistura em 8 porções iguais.
- Disponha um peito de frango marinado. Coloque uma porção da mistura de cebola e khoya por cima. Rola como um invólucro.
- Repita para o resto dos peitos de frango.
- Unte uma assadeira e coloque dentro dela os peitos de frango recheados, com as pontas livres voltadas para baixo.
- Asse o frango no forno a 200°C (400°F, Gas Mark 6) por 20 minutos. Pôr de lado.
- Aqueça o ghee em uma panela. Adicione as cebolas restantes. Frite-os em fogo médio até ficarem translúcidos.

- Adicione a pasta de gengibre restante e a pasta de alho. Frite a mistura por 1-2 minutos.
- Adicione a castanha de caju moída, o iogurte e o garam masala. Mexa por 1-2 minutos.
- Adicione os rolinhos de frango assado, a mistura de açafrão e um pouco de sal. Misture bem. Cubra com uma tampa e cozinhe por 15-20 minutos. Servir quente.

Iogurte de Frango Masala

Para 4 pessoas

ingredientes

1kg de frango cortado em 12 pedaços

7,5 cm de raiz de gengibre ralado

10 dentes de alho esmagados

½ colher de chá de pimenta em pó

½ colher de chá de garam masala

½ colher de chá de açafrão

2 pimentões verdes

Sal a gosto

200g de iogurte

½ colher de chá de sementes de cominho

1 colher de chá de sementes de coentro

4 dentes

4 grãos de pimenta preta

2,5 cm de canela

4 vagens de cardamomo verde

6-8 amêndoas

5 colheres de sopa de manteiga clarificada

4 cebolas médias, picadas finamente

250ml/8fl oz de água

1 colher de sopa de folhas de coentro picadas finamente

Método

- Fure os pedaços de frango com um garfo. Pôr de lado.
- Misture metade do gengibre e do alho com a pimenta em pó, o garam masala, a cúrcuma, a pimenta verde e o sal. Moa esta mistura até formar uma pasta lisa. Bata o macarrão com o iogurte.
- Marinar o frango com esta mistura por 4-5 horas. Pôr de lado.
- Aqueça uma panela. Asse a seco as sementes de cominho, sementes de coentro, cravo, pimenta, canela, cardamomo e amêndoas. Pôr de lado.
- Aqueça 4 colheres de sopa de ghee em uma panela pesada. Adicione as cebolas. Frite-os em fogo médio até ficarem translúcidos.
- Adicione o gengibre e o alho restantes. Frite por 1-2 minutos.
- Retire do fogo e triture esta mistura com a mistura de cominho torrado e coentro até formar uma pasta lisa.

- Aqueça o ghee restante em uma panela. Adicione o macarrão e frite em fogo médio por 2-3 minutos.
- Adicione o frango marinado e frite por mais 3-4 minutos.
- Adicione a água. Mexa delicadamente por um minuto. Cubra com uma tampa e cozinhe por 30 minutos, mexendo em intervalos regulares.
- Decore com folhas de coentro e sirva quente.

Frango Dhansak

(Frango cozido estilo Parsi)

Para 4 pessoas

ingredientes

75g / 2½ onças de toor dhal*

75 g / 2½ onças de mung dhal*

75 g de masoor dhal*

75 g de chana dhal*

1 berinjela pequena, finamente picada

25 g de abóbora picada

Sal a gosto

1 litro / 1¾ litros de água

8 grãos de pimenta preta

6 dentes

2,5 cm de canela

Pitada de maça

2 folhas de louro

1 anis estrelado

3 pimentões vermelhos secos

2 colheres de sopa de óleo vegetal refinado

50 g de folhas de coentro picadas finamente

50 g de folhas frescas de feno-grego, picadas finamente

50 g de folhas de hortelã picadas finamente

750g de frango desossado, cortado em 12 pedaços

1 colher de chá de açafrão

¼ colher de chá de noz-moscada ralada

1 colher de sopa de pasta de alho

1 colher de sopa de pasta de gengibre

1 colher de sopa de pasta de tamarindo

Método

- Misture o dhal com as beringelas, a abóbora, o sal e metade da água. Cozinhe esta mistura em uma panela em fogo médio por 45 minutos.
- Retire do fogo e misture esta mistura até formar uma pasta lisa. Pôr de lado.
- Misture os grãos de pimenta, o cravo, a canela, o macis, o louro, o anis estrelado e a pimenta vermelha. Torrar a mistura em fogo médio por 2-3 minutos. Retire do fogo e triture até obter um pó fino. Pôr de lado.
- Aqueça o óleo em uma panela. Adicione o coentro, o feno-grego e as folhas de hortelã. Frite-os em fogo médio por 1-2 minutos. Retire do fogo e triture até formar uma pasta. Pôr de lado.
- Misture o frango com açafrão, noz-moscada, pasta de alho, pasta de gengibre, pasta dhal e o restante da água.

Cozinhe esta mistura em uma panela em fogo médio por 30 minutos, mexendo de vez em quando.

- Adicione pasta de coentro, feno-grego e folhas de hortelã. Cozinhe por 2-3 minutos.
- Adicione os grãos de cravo em pó e a pasta de tamarindo. Misture bem. Mexa a mistura em fogo baixo por 8 a 10 minutos.
- Servir quente.

Frango Chatpata

(Frango apimentado)

Para 4 pessoas

ingredientes

500g / 1lb 2oz de frango desossado, cortado em pedaços pequenos

2 colheres de sopa de óleo vegetal refinado

150 g de florzinhas de couve-flor

200g de cogumelos fatiados

1 cenoura grande, fatiada

1 pimentão verde grande, sem sementes e picado

Sal a gosto

½ colher de chá de pimenta preta moída

10-15 folhas de curry

5 pimentões verdes, finamente picados

5cm de raiz de gengibre, finamente picada

10 dentes de alho picados finamente

4 colheres de sopa de purê de tomate

4 colheres de sopa de folhas de coentro picadas finamente

Para a marinada:

125 g de iogurte

1 ½ colher de sopa de pasta de gengibre

1 ½ colher de sopa de pasta de alho

1 colher de chá de pimenta em pó

1 colher de chá de garam masala

Sal a gosto

Método

- Misture todos os ingredientes da marinada.
- Marinar o frango com esta mistura por 1 hora.
- Aqueça meia colher de sopa de óleo em uma panela. Adicione a couve-flor, os cogumelos, a cenoura, o pimentão verde, o sal e a pimenta preta moída. Misture bem. Frite a mistura em fogo médio por 3-4 minutos. Pôr de lado.
- Aqueça o óleo restante em outra panela. Adicione folhas de curry e pimenta verde. Frite-os em fogo médio por um minuto.
- Adicione o gengibre e o alho. Frite por mais um minuto.
- Adicione o frango marinado e os legumes fritos. Frite por 4-5 minutos.
- Adicione o purê de tomate. Misture bem. Cubra com uma tampa e cozinhe a mistura em fogo baixo por 40 minutos, mexendo de vez em quando.
- Decore com folhas de coentro. Servir quente.

Pato Masala com Leite de Coco

Para 4 pessoas

ingredientes

1kg de pato cortado em 12 pedaços

Óleo vegetal refinado para fritar

3 batatas grandes picadas

750ml / 1¼ litro de água

4 colheres de chá de óleo de coco

1 cebola grande, cortada em fatias finas

100g de leite de coco

Para a mistura de especiarias:

2 colheres de chá de coentro moído

½ colher de chá de açafrão

1 colher de chá de pimenta preta moída

¼ colher de chá de sementes de cominho

¼ colher de chá de sementes de cominho preto

2,5 cm de canela

9 dentes

2 vagens de cardamomo verde

8 dentes de alho

2,5 cm de raiz de gengibre

1 colher de chá de vinagre de malte

Sal a gosto

Método

- Misture os ingredientes da mistura de especiarias e triture até obter uma pasta lisa.
- Marinar o pato com esta pasta por 2 a 3 horas.
- Aqueça o óleo em uma panela. Adicione as batatas e frite em fogo médio até dourar. Escorra e reserve.
- Aqueça a água em uma panela. Adicione os pedaços de pato marinado e cozinhe por 40 minutos, mexendo ocasionalmente. Pôr de lado.
- Aqueça o óleo de coco em uma frigideira antiaderente. Adicione a cebola e frite em fogo médio até dourar.
- Adicione o leite de coco. Cozinhe a mistura por 2 minutos, mexendo sempre.
- Retire do fogo e acrescente esta mistura ao pato cozido. Misture bem e cozinhe por 5-10 minutos.
- Decore com as batatas fritas. Servir quente.

Frango Dil Bahar

(Frango Cremoso)

Para 4 pessoas

ingredientes

4-5 colheres de sopa de óleo vegetal refinado

2 folhas de louro

5 cm de canela

3 vagens de cardamomo verde

4 dentes

2 cebolas grandes, finamente picadas

1 colher de chá de pasta de gengibre

1 colher de chá de pasta de alho

2 colheres de chá de cominho em pó

2 colheres de chá de coentro moído

½ colher de chá de açafrão

4 pimentões verdes, cortados longitudinalmente

750g de frango desossado, cortado em 16 pedaços

50 g de cebolinhas picadas

1 pimentão verde grande, picado finamente

1 colher de chá de garam masala

Sal a gosto

150 g de purê de tomate

125 g de iogurte

250ml/8fl oz de água

2 colheres de sopa de manteiga

85 g de castanha de caju

500 ml de leite condensado

250ml/8fl oz de creme líquido

1 colher de sopa de folhas de coentro picadas finamente

Método

- Aqueça o óleo em uma panela. Adicione as folhas de louro, a canela, o cardamomo e o cravo. Deixe-os estalar por 30 segundos.
- Adicione a cebola, a pasta de gengibre e a pasta de alho. Frite esta mistura em fogo médio até a cebola dourar.
- Adicione cominho em pó, coentro em pó, açafrão e pimenta verde. Frite a mistura por 2-3 minutos.
- Adicione os pedaços de frango. Misture bem. Frite-os por 5 minutos.
- Adicione a cebolinha, o pimentão verde, o garam masala e o sal. Continue fritando por 3-4 minutos.
- Adicione o purê de tomate, o iogurte e a água. Misture bem e cubra com uma tampa. Cozinhe a mistura em fogo baixo por 30 minutos, mexendo ocasionalmente.

- Enquanto a mistura de frango cozinha, aqueça a manteiga em outra panela. Adicione as castanhas de caju e frite-as em fogo médio até dourar. Pôr de lado.
- Adicione o leite condensado e as natas à mistura de frango. Misture bem e continue cozinhando por 5 minutos.
- Adicione a manteiga com as castanhas fritas e misture bem por 2 minutos.
- Decore com folhas de coentro. Servir quente.

Dum ka Murgh

(Frango cozido lentamente)

Para 4 pessoas

ingredientes

4 colheres de sopa de óleo vegetal refinado mais extra para fritar

3 cebolas grandes, fatiadas

10 amêndoas

10 castanhas de caju

1 colher de sopa de coco ralado

1 colher de chá de pasta de gengibre

1 colher de chá de pasta de alho

½ colher de chá de açafrão

1 colher de chá de pimenta em pó

Sal a gosto

200g de iogurte

1kg / 2¼lb de frango picado

1 colher de sopa de folhas de coentro picadas grosseiramente

1 colher de sopa de folhas de hortelã picadas grosseiramente

½ colher de chá de açafrão

Método

- Aqueça o óleo para fritar. Adicione as cebolas e frite em fogo médio até dourar. Escorra e reserve.
- Misture as amêndoas, as castanhas de caju e o coco. Asse a mistura a seco. Moa com água suficiente para formar uma pasta lisa.
- Aqueça 4 colheres de sopa de óleo em uma panela. Adicione pasta de gengibre, pasta de alho, açafrão e pimenta em pó. Frite em fogo médio por 1-2 minutos.
- Adicione a pasta de amêndoa e caju, a cebola frita, o sal e o iogurte. Cozinhe por 4-5 minutos.

- Transfira para uma assadeira. Adicione o frango, os coentros e as folhas de hortelã. Misture bem.
- Polvilhe com açafrão. Sele com papel alumínio e cubra bem com uma tampa. Asse a 180°C (350°F, Gas Mark 4) por 40 minutos.
- Servir quente.

Murgh Kheema Masala

(Frango Moído Picante)

Para 4 pessoas

ingredientes

60ml / 2fl oz de óleo vegetal refinado

5 cm de canela

4 dentes

2 vagens de cardamomo verde

½ colher de chá de sementes de cominho

2 cebolas grandes, finamente picadas

1 colher de chá de coentro moído

½ colher de chá de cominho em pó

½ colher de chá de açafrão

1 colher de chá de pimenta em pó

2 colheres de chá de pasta de gengibre

3 colheres de chá de pasta de alho

3 tomates picados finamente

200 g de ervilhas congeladas

1 kg de frango picado

75g de castanha de caju moída

125 g de iogurte

250ml/8fl oz de água

Sal a gosto

4 colheres de sopa de creme líquido

25 g de folhas de coentro picadas finamente

Método

- Aqueça o óleo em uma panela. Adicione a canela, o cravo, o cardamomo e as sementes de cominho. Deixe-os estalar por 15 segundos.
- Adicione a cebola, o coentro moído, o cominho moído, a cúrcuma e a pimenta em pó. Frite em fogo médio por 1-2 minutos.
- Adicione a pasta de gengibre e a pasta de alho. Continue fritando por um minuto.
- Adicione os tomates, as ervilhas e o frango picado. Misture bem. Cozinhe esta mistura em fogo baixo por 10-15 minutos, mexendo ocasionalmente.
- Adicione o iogurte, a água e o sal. Misture bem. Cubra com uma tampa e cozinhe por 20-25 minutos.
- Decore com creme e folhas de coentro. Servir quente.

Frango Recheado Nawabi

Para 4 pessoas

ingredientes

200g de iogurte

2 colheres de sopa de suco de limão

½ colher de chá de açafrão

Sal a gosto

1kg de frango

100 g de pão ralado

Para o recheio:

120ml / 4fl oz de óleo vegetal refinado

1 ½ colher de chá de pasta de gengibre

1 ½ colher de chá de pasta de alho

2 cebolas grandes, finamente picadas

2 pimentões verdes picados finamente

½ colher de chá de pimenta em pó

1 moela de frango picada

1 fígado de galinha picado

200g de ervilhas

2 cenouras em cubos

50 g de folhas de coentro picadas finamente

2 colheres de sopa de folhas de hortelã picadas

½ colher de chá de pimenta preta moída

½ colher de chá de garam masala

20 castanhas de caju picadas

20 passas

Método

- Bata o iogurte com o suco de limão, a cúrcuma e o sal. Marinar o frango com esta mistura por 1-2 horas.
- Para o recheio, aqueça o azeite em uma panela. Adicione a pasta de gengibre, a pasta de alho e a cebola e frite em fogo médio por 1-2 minutos.
- Adicione a pimenta verde, a pimenta em pó, a moela de frango e o fígado de galinha. Misture bem. Frite por 3-4 minutos.
- Adicione as ervilhas, as cenouras, as folhas de coentro, as folhas de hortelã, a pimenta, o garam masala, as castanhas de caju e as passas. Misture por 2 minutos. Cubra com uma tampa e cozinhe em fogo baixo por 20 minutos, mexendo de vez em quando.
- Retire do fogo e deixe esfriar.
- Preencha esta mistura no frango marinado.
- Enrole o frango recheado na farinha de rosca e leve ao forno pré-aquecido a 200°C (400°F, Gas Mark 6) por 50 minutos.
- Servir quente.

Murgh ke Nazaré

(Frango com queijo cheddar e paneer)

Para 4 pessoas

ingredientes

Sal a gosto

½ colher de sopa de pasta de gengibre

½ colher de sopa de pasta de alho

Suco de 1 limão

750g / 1lb 10oz de frango desossado, amassado

75 g de panetone*, Grato

250 g de frango picado

75g de queijo cheddar ralado

1 colher de chá de coentro moído

½ colher de chá de garam masala

½ colher de chá de açafrão

125g de Khoya*

1 colher de chá de pimenta em pó

2 ovos cozidos e picados finamente

3 tomates picados finamente

2 pimentões verdes picados finamente

2 cebolas grandes, finamente picadas

2 colheres de sopa de folhas de coentro picadas

½ colher de chá de gengibre em pó

Para o molho:

4 colheres de sopa de óleo vegetal refinado

½ colher de sopa de pasta de gengibre

½ colher de sopa de pasta de alho

2 cebolas grandes picadas

2 pimentões verdes picados finamente

½ colher de chá de açafrão

1 colher de chá de coentro moído

½ colher de chá de pimenta branca moída

½ colher de chá de cominho em pó

½ colher de chá de gengibre seco em pó

200g de iogurte

4 castanhas de caju moídas

4 amêndoas moídas

125g de Khoya*

Método

- Misture o sal, a pasta de gengibre, a pasta de alho e o suco de limão. Marinar o frango com esta mistura por 1 hora. Pôr de lado.
- Misture o paneer com o frango picado, o queijo, o coentro moído, o garam masala, a cúrcuma e o khoya.
- Espalhe esta mistura sobre o frango marinado. Polvilhe pimenta em pó, ovos, tomate, pimenta verde, cebola, folhas de coentro e gengibre em pó por cima. Enrole o frango como um envoltório e feche-o amarrando-o bem com barbante.
- Asse a 200°C (400°F, Gas Mark 6) por 30 minutos. Pôr de lado.
- Para o molho, aqueça o azeite em uma panela. Adicione a pasta de gengibre, a pasta de alho, a cebola e a pimenta verde. Frite-os em fogo médio por 2-3 minutos. Adicione os ingredientes restantes para o molho. Cozinhe por 7-8 minutos.
- Corte o rolo de frango em pedaços pequenos e arrume-o num prato de servir. Despeje o molho por cima. Servir quente.

Murgh Pasanda

(Nuggets de frango picantes)

Para 4 pessoas

ingredientes

1 colher de chá de açafrão

30g de folhas de coentro picadas

1 colher de chá de pimenta em pó

10 g de folhas de hortelã picadas finamente

1 colher de chá de garam masala

Pedaço de 5cm de mamão cru, moído

1 colher de chá de pasta de gengibre

1 colher de chá de pasta de alho

Sal a gosto

750g de peito de frango de 10 onças, cortado em fatias finas

6 colheres de sopa de óleo vegetal refinado

Método

- Misture todos os ingredientes, exceto o frango e o óleo. Marinar as fatias de frango com esta mistura durante 3 horas.
- Aqueça o óleo em uma frigideira antiaderente. Adicione as fatias de frango marinadas e frite em fogo médio até dourar, virando de vez em quando. Servir quente.

Murgh Masala

(Frango Masala)

Para 4 pessoas

ingredientes

4 colheres de sopa de óleo vegetal refinado

2 cebolas grandes raladas

1 tomate picado

Sal a gosto

1kg de frango cortado em 8 pedaços

360ml/12fl oz de água

360ml/12fl oz de leite de coco

Para a mistura de especiarias:

2 colheres de sopa de garam masala

1 colher de chá de sementes de cominho

1 ½ colher de chá de sementes de papoula

4 pimentões vermelhos

½ colher de chá de açafrão

8 dentes de alho

2,5 cm de raiz de gengibre

Método

- Moa a mistura de especiarias com água suficiente para formar uma pasta lisa. Pôr de lado.
- Aqueça o óleo em uma panela. Adicione a cebola e frite em fogo médio até dourar. Adicione a pasta de mistura de especiarias e frite por 5-6 minutos.
- Adicione o tomate, o sal, o frango e a água. Cubra com uma tampa e deixe cozinhar por 20 minutos. Adicione o leite de coco, misture bem e sirva quente.

Creme de Frango Bohri

(Frango ao molho cremoso)

Para 4 pessoas

ingredientes

3 cebolas grandes

2,5 cm de raiz de gengibre

8 dentes de alho

6 pimentões verdes

100 g de folhas de coentro picadas finamente

3 colheres de sopa de folhas de hortelã picadas

120ml de água

1kg de frango cortado em 8 pedaços

2 colheres de sopa de suco de limão

1 colher de chá de pimenta preta moída

250ml/8fl oz de creme líquido

30 g de manteiga clarificada

Sal a gosto

Método

- Junte a cebola, o gengibre, o alho, a pimenta verde, as folhas de coentro e as folhas de hortelã. Moa esta mistura com água para obter uma pasta fina.
- Marinar o frango com metade desta pasta e suco de limão por 1 hora.
- Coloque o frango marinado em uma panela e despeje o restante do macarrão por cima. Polvilhe os ingredientes restantes sobre esta mistura.
- Sele com papel alumínio, cubra bem com uma tampa e cozinhe por 45 minutos. Servir quente.

Jhatpat Murgh

(Frango Rápido)

Para 4 pessoas

ingredientes

4 colheres de sopa de óleo vegetal refinado

2 cebolas grandes, cortadas em fatias finas

2 colheres de chá de pasta de gengibre

Sal a gosto

1kg de frango cortado em 12 pedaços

¼ colher de chá de açafrão dissolvido em 2 colheres de sopa de leite

Método

- Aqueça o óleo em uma panela. Adicione a cebola e a pasta de gengibre. Frite-os em fogo médio por 2 minutos.
- Adicione sal e frango. Cozinhe por 30 minutos, mexendo sempre. Polvilhe com a mistura de açafrão. Servir quente.

Caril de Frango Verde

Para 4 pessoas

ingredientes

Sal a gosto

Uma pitada de açafrão

Suco de 1 limão

1kg de frango cortado em 12 pedaços

3,5 cm de raiz de gengibre

8 dentes de alho

100g de folhas de coentro picadas

3 pimentões verdes

4 colheres de sopa de óleo vegetal refinado

2 cebolas grandes raladas

½ colher de chá de garam masala

250ml/8fl oz de água

Método

- Misture o sal, a cúrcuma e o suco de limão. Marinar o frango com esta mistura por 30 minutos.
- Moa o gengibre, o alho, as folhas de coentro e a pimenta malagueta até obter uma pasta lisa.
- Aqueça o óleo em uma panela. Adicione o macarrão junto com a cebola ralada e frite em fogo médio por 2-3 minutos.
- Adicione o frango marinado, o garam masala e a água. Misture bem e cozinhe por 40 minutos, mexendo sempre. Servir quente.

Murgh Bharta

(Frango Estufado com Ovos)

Para 4 pessoas

ingredientes

4 colheres de sopa de óleo vegetal refinado

2 cebolas grandes, cortadas em fatias finas

500g / 1lb 2 onças de frango desossado, cortado em cubos

1 colher de chá de garam masala

½ colher de chá de açafrão

Sal a gosto

3 tomates em fatias finas

30g de folhas de coentro picadas

4 ovos cozidos, cortados ao meio

Método

- Aqueça o óleo em uma panela. Frite as cebolas em fogo médio até dourar. Adicione o frango, o garam masala, a cúrcuma e o sal. Frite por 5 minutos.
- Adicione os tomates. Misture bem e cozinhe por 30-40 minutos. Decore com folhas de coentro e ovos. Servir quente.

Frango com Sementes de Ajowan

Para 4 pessoas

ingredientes

3 colheres de sopa de óleo vegetal refinado

1½ colher de chá de sementes de ajowan

2 cebolas grandes, finamente picadas

1 colher de chá de pasta de gengibre

1 colher de chá de pasta de alho

4 tomates picados finamente

2 colheres de chá de coentro moído

1 colher de chá de pimenta em pó

1 colher de chá de açafrão

1kg de frango cortado em 8 pedaços

250ml/8fl oz de água

Suco de 1 limão

1 colher de chá de garam masala

Sal a gosto

Método

- Aqueça o óleo em uma panela. Adicione as sementes de ajowan. Deixe-os estalar por 15 segundos.
- Adicione a cebola e frite em fogo médio até dourar. Adicione a pasta de gengibre, a pasta de alho e os tomates. Frite por 3 minutos, mexendo ocasionalmente.
- Adicione todos os outros ingredientes. Misture bem e cubra com uma tampa. Cozinhe por 40 minutos e sirva quente.

Tikka de frango com espinafre

Para 4 pessoas

ingredientes

1kg de frango desossado, cortado em 16 pedaços

2 colheres de sopa de manteiga clarificada

1 colher de chá de chaat masala*

2 colheres de sopa de suco de limão

Para a marinada:

100g de espinafre picado

50g de folhas de coentro moídas

1 colher de chá de pasta de gengibre

1 colher de chá de pasta de alho

200g de iogurte

1½ colher de chá de garam masala

Método

- Misture todos os ingredientes da marinada. Marinar o frango com esta mistura por 2 horas.
- Regue o frango com ghee e leve ao forno a 200°C (400°F, Gas Mark 6) por 45 minutos. Polvilhe o chaat masala e o suco de limão por cima. Servir quente.

Frango Yakhni

(frango da Caxemira)

Para 4 pessoas

ingredientes

3 colheres de sopa de óleo vegetal refinado

1kg de frango cortado em 8 pedaços

400g de iogurte

125 g / 4½ onças de Besan*

2 dentes

2,5 cm de canela

6 grãos de pimenta

1 colher de chá de gengibre em pó

2 colheres de chá de erva-doce moída

Sal a gosto

250ml/8fl oz de água

50g de folhas de coentro picadas

Método

- Aqueça metade do azeite em uma frigideira antiaderente. Adicione os pedaços de frango e frite em fogo médio até dourar. Pôr de lado.
- Bata o iogurte com o besan para formar uma pasta grossa. Pôr de lado.
- Aqueça o óleo restante em uma panela. Adicione o cravo, a canela, a pimenta, o gengibre em pó, a erva-doce em pó e o sal. Frite por 4-5 minutos.
- Adicione o frango frito, a água e a pasta de iogurte. Misture bem e cozinhe por 40 minutos. Decore com folhas de coentro. Servir quente.

Frango com pimenta

Para 4 pessoas

ingredientes

3 colheres de sopa de óleo vegetal refinado

4 pimentões verdes, finamente picados

1 colher de chá de pasta de gengibre

1 colher de chá de pasta de alho

3 cebolas grandes, fatiadas

250ml/8fl oz de água

750g / 1lb 10oz de frango desossado, picado

2 pimentões verdes grandes, cortados em juliana

2 colheres de sopa de molho de soja

30g de folhas de coentro picadas

Sal a gosto

Método

- Aqueça o óleo em uma panela. Adicione pimenta verde, pasta de gengibre, pasta de alho e cebola. Frite em fogo médio por 3-4 minutos.
- Adicione a água e o frango. Ferva por 20 minutos.
- Adicione todos os outros ingredientes e cozinhe por 20 minutos. Servir quente.

Frango com pimenta

Para 4 pessoas

ingredientes

4 colheres de sopa de óleo vegetal refinado

3 cebolas grandes, finamente picadas

6 dentes de alho picados finamente

1kg de frango cortado em 12 pedaços

3 colheres de chá de coentro moído

2½ colheres de chá de pimenta preta moída na hora

½ colher de chá de açafrão

Sal a gosto

250ml/8fl oz de água

Suco de 1 limão

50g de folhas de coentro picadas

Método

- Aqueça o óleo em uma panela. Adicione a cebola e o alho e frite em fogo médio até dourar.
- Adicione o frango. Frite por 5 minutos, mexendo sempre.
- Adicione o coentro moído, a pimenta, a cúrcuma e o sal. Frite por 3-4 minutos.
- Despeje a água, misture bem e tampe. Ferva por 40 minutos.
- Decore com suco de limão e folhas de coentro. Servir quente.

Frango com Figos

Para 4 pessoas

ingredientes

4 colheres de sopa de óleo vegetal refinado

2 cebolas grandes, finamente picadas

1 colher de chá de pasta de gengibre

1 colher de chá de pasta de alho

1kg de frango cortado em 12 pedaços

250ml/8fl oz de água quente

200 g de purê de tomate

Sal a gosto

2 colheres de chá de vinagre de malte

12 figos secos, demolhados por 2 horas

Método

- Aqueça o óleo em uma frigideira antiaderente. Adicione as cebolas. Frite-os em fogo médio até ficarem translúcidos. Adicione a pasta de gengibre e a pasta de alho. Frite por 2-3 minutos.
- Adicione o frango e a água. Cubra com uma tampa e cozinhe por 30 minutos.

- Adicione o purê de tomate, o sal e o vinagre. Misture bem. Escorra os figos e adicione-os à mistura de frango. Ferva por 8 a 10 minutos. Servir quente.

www.ingramcontent.com/pod-product-compliance
Lightning Source LLC
Chambersburg PA
CBHW070412120526
44590CB00014B/1363